ELISA HILTY

WEGE ZUM MÄRCHEN

EINÄUGLEIN
ZWEIÄUGLEIN
DREIÄUGLEIN

EIN ZYTGLOGGE WERKBUCH

Ein Dankeschön an die Stadt Winterthur, die mit einem Werkbeitrag diese
Arbeit unterstützt hat.

Copyright: Zytglogge Verlag Bern, 1988
Druck: Allgäuer Zeitungsverlag GmbH Kempten
Zeichnungen: Paul Mangen, Bochum BRD
Fotografien: Evelin Witschi, Elisa Hilty, Simon Neuhaus
Lektorat: Caecilia Ebeling

ISBN 3 7296 0291 8

Zytglogge Verlag Bern, Eigerweg 16, CH-3073 Gümligen
Zytglogge Verlag Bonn, Cäsariusstrasse 17, D-5300 Bonn 2

Auslieferung für die BRD:
Brockhaus, Kommissionsgeschäft, Am Wallgraben 127, D-7000 Stuttgart 80
Auslieferung Oesterreich:
Verlagsauslieferung Karl Winter OHG, Landesgerichtsstrasse 20, A-1010 Wien

Tania Dorflinger

Inhalt

Inhalt

"MÄRCHEN SIND REBELLIERENDE
UND WACHE GESCHICHTEN,
DIE ÄLTESTEN UTOPISCHEN ERZÄHLUNGEN,
MÄRCHEN PREDIGEN KEINE MORAL,
SONDERN SIE WEISEN NACH VORN,
BILDEN EIN INVENTAR
NICHT GEMACHTER ERFINDUNGEN."
ERNST BLOCH

ZU DIESEM BUCH

Als ich den Kindern in Eglisau das Märchen 'Einäuglein, Zweiäuglein,
Dreiäuglein' erzählt hatte, fragt mich ein Kind:

> " Wieviele Augen hat die Mutter? "
> " Ich weiss es nicht ", war meine Antwort.

Ein Kind: " Vielleicht fünf."
Ein anderes: " Oder Null."
Ein anderes: " Oder keines."
Ein anderes: " Sicher nicht zwei."

Jetzt, wo ich das Buch zu Ende geschrieben habe, frage ich mich, ob ich
ein-, zwei- oder dreiäugig war. Ich weiss es nicht und erhebe auch nicht
den Anspruch auf harmonische Zweiäugigkeit und Vollständigkeit. Dieses
Buch ist in erster Linie aufgrund meiner Arbeit mit Müttern und Kindern
entstanden. So ist es ein persönliches geworden - eine Art verdichtetes,
strukturiertes Tagebuch meiner Märchenarbeit.

An dieser Stelle möchte ich den Frauen und den - leider wenigen - Männern,
die meine Kurse besuchen, ganz herzlich danken. Danken für ihr Mit-Fühlen,
Mit-Bilden und Mit-Denken. Denn ohne sie wäre dieses Buch nicht möglich
geworden.

Und den Kindern danke ich, denn von ihnen lerne ich Wesentliches, weil sie
ein tiefes Wissen noch unbewusst und unbefangen ausdrücken. Sie eröffnen
mir dadurch immer wieder neue Zugänge zum Märchen und zum Leben.

Danken möchte ich auch den lieben Freunden für die wertvollen und anregen-
den Gespräche und die materielle Unterstützung (Entwickeln der Fotos, Be-
nützung der Schreibmaschine, Korrekturen der Reinschrift). Und ich danke
den Mitarbeiterinnen des Verlags für die liebevolle Zusammenarbeit.

Lieber Leser und liebe Leserin, ich hoffe, Dir mit diesem Buch Impulse zu
geben, den Wahrheiten und verborgenen Lebensweisheiten des Volksmärchens
näherzukommen. Ich möchte Dir damit Wege bereiten, damit Du den Schleier
der Geheimnisse selber lüften kannst.
Viele Fäden habe ich aufgenommen und versucht, daraus ein Gewebe zu flech-
ten. Bewusst habe ich Fäden offengelassen, damit Du sie aufnehmen und auf
Deine Art verknüpfen kannst.

Wege zum Märchen sind Wege nach Innen und Wege zum Handeln. Es sind Wege
zum Kind und Wege zur Ganzheit. Wir sind auf dem Weg. Das Märchen kann uns
dabei helfen.

Im Rosenfeld, März 1988

Ursprung

Wie sind die Volksmärchen entstanden? Woher kommen diese wundersamen Geschichten, die noch heute Kinder und Erwachsene begeistern?

Woher sie kommen und wie sie entstanden sind wissen wir nicht, weil die Märchen über Jahrhunderte und Jahrtausende mündlich überliefert wurden. Diese Tatsache hindert Wissenschaftler und Wissenschaftlerinnen jedoch nicht daran, Theorien über den Ursprung zu entwickeln. Linguisten, Historiker, Soziologen, Ethnologen, Tiefenpsychologen - sie alle versuchen, im Märchen Kenntnisse über frühere Zeiten zu erlangen.

Nach der Meinung von Ethnologen zum Beispiel sind viele Märchen aus Begleiterzählungen zu Riten entstanden: bei der Heilung von Kranken oder bei Bestattungen, bei Initiationsriten oder der Abwehr von Geistern und Dämonen. Tiefenpsychologen sehen den Ursprung auch in parapsychologischen Erlebnissen und in den Träumen. Solche Thesen sind naheliegend, erzählen doch viele Märchen von einer jenseitigen Welt, dem Irrationalen.

Versetzen wir uns in der Vorstellung einige Jahrhunderte oder Jahrtausende zurück. Damals lebten die Menschen noch ganz mit der Natur verbunden und achteten ihre Gesetze, waren ihr ausgeliefert. Das Denken dieser frühen Menschen war noch nicht abstrakt, sondern bildhaft, und wissenschaftliche Erklärungen über Naturvorgänge - die für uns selbstverständlich sind - fehlten. Sie waren Analphabeten wie das Kleinkind heute und das Gesprochene, die Körpersprache, Gestik und Mimik, waren ihre einzigen Kommunikationsformen. Deshalb hatten - und haben heute für jedes kleine Kind! - das gesprochene Wort und die Körpersprache eine grosse Bedeutung. Das Wort war Klang und Rhythmus, gefüllt von Inhalt.

In dieser intensiven Art und Weise berichteten sich die Menschen von Freuden und Nöten, von Aengsten und Hoffnungen, von Geburt und Tod, von Himmel und Erde, von Mann und Frau, von der Ueberwindung des Bösen, von Begegnungen mit Tieren, von Erfahrungen des kosmischen Geschehens, sie erzählten einander ihre Tag- und Nachtträume und entwarfen ein Bild vom guten Menschen.

Weil diese Menschen mit ihrer inneren und äusseren Natur in grösserer Harmonie lebten, empfanden sie Hell und Dunkel, Sterben und Werden, Geben und Nehmen weniger als Gegensatz sondern mehr als Ganzheit, als natürlichen Rhythmus des Lebensflusses.

Der Ursprung der Volksmärchen liegt im unmittelbaren Erleben des Menschen von sich selbst und der Welt, wo makrokosmisches Geschehen sich im Mikrokosmos – in unserem Inneren – spiegelt, und umgekehrt.

Wenn wir Märchen aus aller Welt vergleichen, fällt auf, dass die gleichen Themen in vielen Ländern vorkommen, wenn auch in anderen Kleidern. Diese 'Kleider', die Erzählart, sind uns einmal vertrauter, dann wieder befremdlich oder sie belustigen uns. Ueber den Grund des gemeinsamen Kerns gibt es auch verschiedene Theorien. Ich schliesse mich der Meinung an, dass die Märchen von allgemein menschlichen Grunderfahrungen erzählen und deshalb in vielen Völkern die gleichen Geschichten entstanden sind. Aus demselben Grund fiel es dem Märchen auch leicht zu wandern, von einem Land zum andern...

"Die Märchen enthalten das Wissen des kollektiven Unbewussten, der Urbilder oder Archetypen, die bei allen Völkern und zu allen Zeiten in ihrem Kern dieselben sind. Es ist die Sprache der Natur im Menschen, die darum besorgt ist, dass der Sinn des Menschenlebens, die existentiellen menschlichen Bedürfnisse bewusst und gemeistert werden. Die wiederkehrenden Symbole der Menschheit wurden nicht vom Menschen geschaffen, sondern vorgefunden."

"Die Märchen sprechen von einer Zeit, die älter ist als die organisierte Religion. In einem jugoslawischen Märchen heisst es: 'Früher, als es noch keine Kirche und keine Priester gab, als Gott noch selbst mit den Menschen sprach...' So gesehen ist das Erlebnis des Märchens religiöse Selbsterfahrung, die wahre religio nämlich, die Rückverbindung zu unserem Ursprung."

Ulla Wittmann in 'Ich Narr vergass die Zauberdinge'.

Der goldene Schlüssel

Auf den nächsten Seiten findest Du, liebe Leserin, lieber Leser, das Märchen vom goldenen Schlüssel. Lies es langsam, mache Pausen und versuche, es Dir in Bildern vorzustellen. Wenn Du Dich vorher entspannst und einige Male bewusst und langsam ausatmest und den Einatem ruhig geschehen lässt, öffnest Du Dich und schaffst Raum für innere Bilder.

Märchen können mit dem blossen Verstand nicht wirklich erfasst werden. Erst wenn wir sie auch emotional aufnehmen, erleben wir sie als Ganzheit, dann berühren sie uns und beleben unsere Phantasie, und die darin verborgenen Lebensweisheiten be-wahr-heiten sich.

Und noch etwas: ich spreche Dich, liebe Leserin, lieber Leser, mit Du an. Ich tue das nicht aus Distanzlosigkeit oder Anbiederung. Ich möchte Dir nicht zu nahe kommen, aber ich hoffe, dass es das Märchen tut. Denn es spricht die Sprache des Herzens, der Seele. Und wenn Du es einlassen kannst, kommt es Dir nahe. Das Märchen kann Dich

TRAURIG MACHEN

ERMUTIGEN

WÜTEND MACHEN

ZUM WEINEN BRINGEN

BESTÄTIGEN

BERÜHREN

FREUEN

ERFÜLLEN

VOR LANGER ZIIT
IRGENDWO
IRGENDWÄNN
ISCH ES WIDER EMOL WINTER GSI
UND WO DE SCHNEE
HÖCH GLÄGE ISCH
HÄT EN ARME BUEB
MÜESE USE GO
ZOM MIT EM SCHLITTE
GO HOLZ HOLE

VOR LANGER ZEIT
IRGENDWO
IRGENDWANN ZUR WINTERSZEIT
ALS TIEFER SCHNEE LAG
MUSSTE EIN ARMER JUNGE
HINAUSGEHEN
UND HOLZ
AUF EINEM SCHLITTEN HOLEN

WONERS HOLZ ZÄME GSUECHT
UND UFGLADE GHA HÄT
HÄT ER NÖD GRAD WÖLE HEI GO
WEL ER GANZ DÖRFRORE GSI ISCH
HÄT ER ZERSCHT WÖLE ES FÜÜR MACHE
ZOM SICH DRA WÄRME

ER HÄT DE SCHNEE UF D SIITE TUE
UND WONER EN WÄGGRUMT HÄT
ISCH D ÄRDE FÖRE CHO
UND ER HÄT EN CHLIINE
GOLDIGE SCHLÜSSEL GFUNDE

WIE ER ES NUN ZUSAMMENGESUCHT
UND AUFGELADEN HATTE
WOLLTE ER
WEIL ER SO ERFROREN WAR
NOCH NICHT NACH HAUSE GEHEN
SONDERN ERST EIN FEUER ANMACHEN
UND SICH EIN BISSCHEN WÄRMEN

DA SCHARRTE ER DEN SCHNEE WEG
UND WIE ER SO DEN ERDBODEN AUFRÄUMTE
FAND ER EINEN KLEINEN
GOLDENEN SCHLÜSSEL

ER HÄT GLAUBT
DAS DET WO EN SCHLÜSSEL ISCH
AU ES SCHLOSS DEZUE MÜEST SI
DO HÄT ER I DE ÄRDE GRABE
UND HÄT ES ISIGS CHÄSCHTLI GFUNDE

ER HÄT TÄNKT:
WÄN DE SCHLÜSSEL NO PASST
I DÄM CHÄSCHTLI
SIND SICHER CHOSCHTBARI SCHÄTZ

NUN GLAUBTE ER
WO DER SCHLÜSSEL WÄRE
MÜSSTE AUCH DAS SCHLOSS DAZU SEIN
GRUB IN DER ERDE
UND FAND EIN EISERNES KÄSTCHEN

WENN DER SCHLÜSSEL NUR PASST
DACHTE ER
ES SIND GEWISS KOSTBARE SACHEN
IN DEM KÄSTCHEN DRIN

ER HÄT S SCHLÜSSELLOCH GSUECHT
HÄT ABER KEIS GFUNDE
ENDLECH HÄT ER DOCH EIS ENTDECKT
ABER DA ISCH SO CHLI GSI
DAS MES CHUM GSEE HÄT
UND ER HÄT PROBIERT
UND ZOM GLÜCK
HÄT DE SCHLÜSSEL PASST
UND ER HÄT EN OME TRÖLT

ER SUCHTE
ABER ES WAR KEIN SCHLÜSSELLOCH DA
ENDLICH ENTDECKTE ER EINS
ABER SO KLEIN
DASS MAN ES KAUM SEHEN KONNTE
ER PROBIERTE
UND DER SCHLÜSSEL PASSTE GLÜCKLICH
DA DREHTE ER EINMAL HERUM

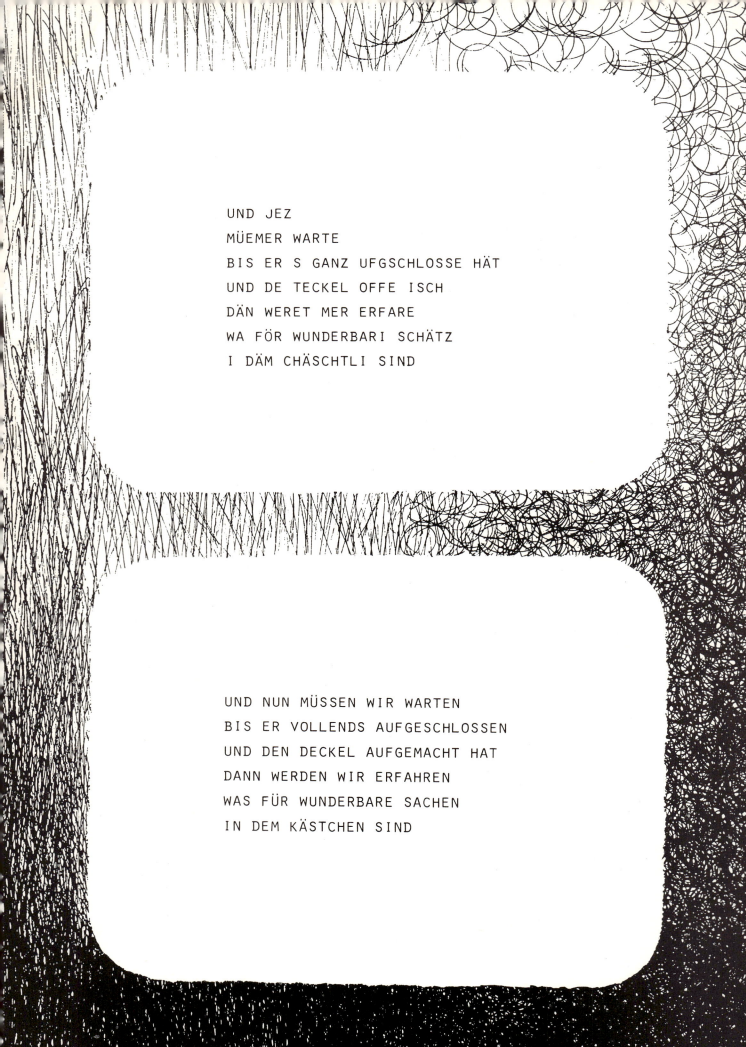

UND JEZ
MÜEMER WARTE
BIS ER S GANZ UFGSCHLOSSE HÄT
UND DE TECKEL OFFE ISCH
DÄN WERET MER ERFARE
WA FÖR WUNDERBARI SCHÄTZ
I DÄM CHÄSCHTLI SIND

UND NUN MÜSSEN WIR WARTEN
BIS ER VOLLENDS AUFGESCHLOSSEN
UND DEN DECKEL AUFGEMACHT HAT
DANN WERDEN WIR ERFAHREN
WAS FÜR WUNDERBARE SACHEN
IN DEM KÄSTCHEN SIND

siehst Du den Buben

wie er friert

Holz sammelt

den Schnee wegräumt

sich ein wärmendes Feuer macht?

siehst Du

wie er den goldenen Schlüssel findet

friert er noch?

siehst Du das Kästchen

ist es schon geöffnet

siehst Du hinein?

ALLES IM KÄSTCHEN

IST FÜR DICH

DAS SIND

DEINE INNEREN BILDER

DEINE PHANTASIE

DEINE WÜNSCHE

DEINE TRÄUME

DEINE SEHNSUCHT

DEINE AHNUNGEN

DEINE MÖGLICHKEITEN

DEINE UTOPIEN

Die Bild-Sprache

Die Sprache des Märchens ist bildhaft. Beim Lesen oder Hören eines Märchens entstehen innere Bilder, die mit Worten schwer zu beschreiben wären.
Die Bildsprache ist uns allen vertraut: von unseren Träumen oder wenn wir frei unsere inneren Empfindungen und Phantasien zeichnen, malen oder formulieren.
Die Bildsprache ist Ausdrucksmittel unseres Unbewussten. So können wir diese inneren Bilder als Brücke zwischen Unbewusstem und Bewusstem, zwischen Innen und Aussen verstehen.

DIE BILDHAFTE SPRACHE IST SYMBOLSPRACHE

"Die Symbolsprache ist eine Sprache, in der innere Erfahrungen, Gefühle und Gedanken so ausgedrückt werden, als ob es sich um sinnliche Wahrnehmungen, um Ereignisse in der Aussenwelt handelte. Es ist eine Sprache, die eine andere Logik hat als unsere Alltagssprache, die wir tagsüber sprechen, eine Logik, in der nicht Zeit und Raum die dominierenden Kategorien sind, sondern Intensität und Assoziation.
Es ist die einzige universale Sprache, welche die Menschheit je entwickelt hat und die für alle Kulturen im Verlauf der Geschichte die gleiche ist. Es ist eine Sprache sozusagen mit eigener Grammatik und Syntax, eine Sprache, die man verstehen muss, wenn man die Bedeutung von Mythen, Märchen und Träumen verstehen will." *

Erich Fromm wünschte sich, dass an höheren Schulen die Symbolsprache, ebenso wie andere 'Fremdsprachen', in den Lehrplan aufgenommen würde. Das wäre wirklich eine Bereicherung!
Dennoch haben wir die bildhafte Sprache im Alltag nicht ganz verloren. Wir gebrauchen sie häufiger, als uns bewusst ist. Wenn jemand zu uns sagt: "Ich habe den Kopf verloren", verstehen wir den symbolischen Gehalt und fragen

* Erich Fromm in 'Märchen, Mythen, Träume'.

uns wohl kaum, wohin der Kopf gerollt ist. Wir sagen:"Ich habe einen rie-
sigen Berg vor mir", vielleicht hast Du auch schon erfahren, dass dieser
riesige Berg über Nacht abgetragen wurde. Wir sagen: "Ich war versteinert",
Stell Dir einmal vor, Du wärst aus Stein. Fühlst Du die Bewegungslosigkeit,
die Kälte, die Härte, die Fixiertheit?

Und fühlst Du, wie wunderbar es ist, wenn Du wieder lebendig wirst, das Blut
in Dir fliesst, wenn Du atmest? Fühlst Du wieder die Wärme und die Weichheit?

Wenn Du die Bilder des Märchens in dieser Weise anschaust, aufnimmst und
in Dir wirken lässt, verstehst Du den Symbolgehalt und ihren tieferen Sinn.
Je mehr wir uns einlassen, desto intensiver wird das Erlebnis - bis hin zum
Herzklopfen - aus Freude oder aus Angst, denn der Körper ist Symbol unserer
Seele.

SPRACHSTIL DES MÄRCHENS

Die folgenden Ausführungen sind auf der Basis von Texten Max Lüthis entstanden (Literaturverzeichnis S.128).

Wenn wir die äussere, die sprachliche Form des Märchens genauer betrachten, wird deutlich, was seinen Inhalt, den unsichtbaren Teil ausmacht.
Dabei erkennen wir auch, dass Volksmärchen wunderbare und einzigartige
Kunstwerke sind, und es wird uns auch verständlich, weshalb Kinder einen
spontanen Zugang zu ihnen haben.

*Das Volksmärchen gibt uns von den
Figuren, Gegenständen und Oertlichkeiten keine nähere Beschreibung.
Deshalb lässt es unserer Phantasie
viel Raum.*

Das kleine Märchen 'Der süsse Brei' auf der nächsten Seite wird zu einem
grossen Erlebnis, wenn Du seine Bilder siehst. Anhand dieser Geschichte
werde ich dann einige sprachliche Merkmale erläutern.

Der süsse Brei

Es war einmal ein armes frommes Mädchen
das lebte mit seiner Mutter allein
und sie hatten nichts mehr zu essen

Da ging das Kind hinaus in den Wald
und begegnete ihm da eine alte Frau
die wusste seinen Jammer schon
und schenkte ihm ein Töpfchen
zu dem sollt es sagen: "Töpfchen koch"
so kochte es guten süssen Hirsebrei
und wenn es sagte: "Töpfchen steh"
so hörte es wieder auf zu kochen

Das Mädchen brachte den Topf seiner Mutter heim
und nun waren sie ihrer Armut
und ihres Hungers ledig
und assen süssen Hirsebrei
so oft sie wollten

Auf Zeit war das Mädchen ausgegangen
da sprach die Mutter: "Töpfchen koch"
da kochte es
und sie isst sich satt
nun will sie
dass das Töpfchen wieder aufhören soll
aber sie weiss das Wort nicht mehr

Also kochte es fort
und der Brei steigt über den Rand hinaus
und kocht immerzu
die Küche und das Haus voll
und dann auf die Strasse
als wollts die ganze Welt satt machen
und ist die grösste Not
und kein Mensch
weiss sich zu helfen

Endlich
wie nur noch ein Haus übrig ist
da kommt das Kind heim
und spricht: "Töpfchen steh"
da steht es
und hört auf zu kochen

Und wer wieder in die Stadt wollte
der musste sich durchessen

Brüder Grimm, Nr. 103

GEGENSTÄNDE

Es werden solche genannt, die für die Geschichte von Bedeutung sind (Ausnahmen gibt es immer). Meistens haben die Gegenstände eine einfache Form, klare Umrisslinien:

Apfel - Ei - Nuss - Haar - Schwert - Pfeil - Spindel - Kästchen - Becher
Käppchen - Kamm - Wollknäuel - Stein - Schlüssel - Nadel - Faden.

Der süsse Brei: Das Töpfchen, welches nicht näher beschrieben wird.

NATURPRODUKTE

kommen ganz ursprünglich oder in verarbeiteter Form vor, und sie haben symbolischen Charakter, bedeuten seelisch-geistige Nahrung.

Hirsen - Linsen - Nüsse - Erbsen - Rapunzel - Brennessel - Erdbeeren - Ei
Apfel - Kräuter - Wasser - Wein - Milch - Honig - und das Brot.

Der süsse Brei: der Hirsebrei. Ein Bild für ewige Nahrung der Mutter Natur. Vom Unwissenden benützt wird dieselbe Energie zur Katastrophe - das Mädchen war bei der weisen Frau, die Mutter nicht!

ÖRTLICHKEITEN

Wie die Gegenstände, so sind auch die Oertlichkeiten im Märchen meistens 'gewöhnlich' und dem Kleinkind aus der Alltagswelt bekannt.

Der süsse Brei: Wald - Küche - Strasse - Stadt - Haus. Nichts wird näher beschrieben, jeder Hörer sieht 'seinen' Wald, 'seine' Strasse.

ADJEKTIVE

Im Vergleich mit anderen Literaturgattungen sind Adjektive im Märchen selten zu finden. Und wenn sie vorkommen, tritt uns die Eigenschaft besonders deutlich vor Augen. Häufig kommen sie als Kontrast vor: gut-böse, faul-fleissig, schön-hässlich, arm-reich, jung-alt, dumm-gescheit.

Der süsse Brei: arm, fromm, gut, süss, grösste, alt, ganz.

FARBEN

werden selten genannt. Wenn sie vorkommen, sind es reine und klare Farben und haben symbolische Bedeutung.

Gold ist die am häufigsten genannte Farbe. Es symbolisiert seit jeher den höchsten Wert: die Weisheit. Sein idealer Wert ist in den chemischen und physikalischen Besonderheiten begründet. Gold ist das schwerste der sieben Edelmetalle, es kommt in der Luft, im Wasser und in der Erde vor. Aus Gold kann man feinste Fäden herstellen, welche mit menschlichem Auge nicht mehr sichtbar sind. Es ist auch das einzige Edelmetall, welches sich nicht mit der Luft vermischt, nicht oxydiert, es bleibt sich selbst. Es verliert nie seine Leuchtkraft und wird deshalb mit der Sonne verglichen.

Rot und blutrot finden wir im Märchen. Diese Farbe bedeutet Lebenskraft, Liebe, Wärme. In 'Fitchers Vogel' gibt es die mit Blut gefüllten Becken in der verbotenen Kammer, ein Bild dafür, dass die Lebenskraft eingeschlossen ist und dadurch destruktiven Charakter hat.

Grün als Farbe der Natur, der Pflanzlichkeit. Blau ist selten.

Schwarz und Weiss kommen meist im Gegensatz vor.

Grau ist wahrscheinlich die einzige Mischfarbe, die im Märchen vorkommt. In 'Schneeweisschen und Rosenrot' ist das Rot der Rose gemeint und nicht das verwässerte Rosa – das wäre untypisch für das Märchen, welches Klarheit liebt.

Der süsse Brei: keine einzige Farbbeschreibung ist zu finden – und doch sehen die meisten Hörer und Leser einzelne Bilder bunt. Das sind ihre eigenen Farben.

METALLE UND MINERALIEN

Gerne werden Lebewesen oder Gegenstände metallisiert oder mineralisiert. Dadurch kommt ihnen eine besondere Bedeutung zu.

Menschen werden versteinert, wie in 'Der treue Johannes'. Tränen werden zu Perlen in 'Die Gänsehirtin am Brunnen'. Eiserne Schuhe in 'Schneewittchen'. Der gläserne Berg in 'Die sieben Raben' und 'Der Eisenofen'. Körperteile werden vergoldet: die Haare in 'Der Eisenhans', oder sind es von Geburt an wie in 'Allerleirauh' und 'Rapunzel'; der Finger in 'Marienkind', der ganze Mensch in 'Frau Holle' und 'Die Goldkinder'.

ZAHLEN

Auch sie haben symbolische Bedeutung, es wird nicht mit ihnen gerechnet –
ganz gemäss der Mentalität des Kleinkindes. Zum Symbolverständnis empfehle
ich das Buch 'Zahlensymbolik im Kulturvergleich' von F.C. Endres.
Die häufigsten Zahlen im Märchen sind:
1 – 2 – 3 – 4 – 5 – 6 – 7 – 10 – 12 – 100 – 1000
Drei ist die bekannteste: drei Brüder, drei Aufgaben, drei Geschenke, drei
Wünsche, drei Wege. Der Dreier-Rhythmus erzeugt Spannung und er gibt Vertrauen, denn so weiss das Kind, dass mit der dritten gelösten Aufgabe die
Erlösung kommt. Erfolgt sie ausnahmsweise erst nach der vierten Bedingung,
wie in 'Die drei Federn', empfinden wir das als etwas Besonderes, der Widerstand war gross. Käme das Ende nach einer einzigen Episode, wäre die Geschichte fad und unglaubwürdig – denn wer findet das Glück nach einem ein-
maligen Versuch?

Der süsse Brei: das eine Haus, das letzte.

FORMELN UND SPRÜCHE

"Es war einmal..." und "Vor langer Zeit, irgendwo, irgendwann..." verweisen
uns in eine frühere Zeit und in eine andere Welt.
Die Schlussformel "... so leben sie noch heute" holt uns in die Gegenwart,
in die Wirklichkeit zurück, zeigt aber auch den zeitlosen Inhalt der Geschichte an.
Für die Kinder ist das ein willkommenes Erzähl-Ritual, denn es zeigt, wo
die Märchenwelt beginnt und aufhört.

Der süsse Brei: keine bekannte Formel am Schluss – und doch: sie essen wohl
immer noch. Das ist so wahr und immer aktueller: die jeweils nächste Generation muss sich durch den Schlamassel durchessen, den die vorherige ange-
richtet hat.

Sprüche sind meist Zauberformeln, und sie faszinieren die Kinder ganz besonders.

Der süsse Brei: "Töpfchen koch" und "Töpfchen steh".

Bild-Sprache

DAS KIND DENKT BILDHAFT

Das kleine Kind kann noch nicht abstrakt denken. Deshalb macht es sich von
Vorgängen, die es nicht sehen und nicht fassen kann, mit den ihm schon bekannten Bildern eine Vorstellung. Als Beispiel zitiere ich einen Dialog
mit Don, aus dem Buch 'Die Welt des Kindes' von J. Piaget. Don ist fünfjährig.

Was sind Blitze?
Es ist der Donner, der ihn macht.
Wie?
Der Donner kracht, dann die Blitze, der Donner lässt sie los.
Woraus besteht der Blitz?
Aus Feuer.
Woher kommt dieses Feuer?
Vom Donner.
Ist der Donner aus Feuer?
Im Donner hat es Feuer.
Woher kommt der Donner?
Vom Berg.
Wie entsteht er auf dem Berg?
Es sind die Maurer, die sich darum kümmern.
Wie?
Sie nehmen Eisen und machen daraus den Donner.

*"Das kleine Kind kann infolge seiner Unfähigkeit, Abstraktes
geistig zu verarbeiten, auch nicht in Adjektiven denken. Es
kann nur Geschehnisse erleben und sie mit dem Gefühl bewerten.
Dies tut es, indem in seiner Vorstellung Eigenschaften zu Handlungen werden, das heisst Gutes oder Böses, Erfreuliches oder
Unerfreuliches, zu Begehrendes oder zu Fürchtendes wird als
Geschehnis erlebt."* *

Weil im Märchen seelisches Erleben in Handlung umgesetzt ist und seine
Sprache sehr einfach ist, entspricht es der Mentalität des Kleinkindes.
Einem Vorschulkind, und auch älteren Kindern, kann ich das Weltgeschehen
und viele Ereignisse nicht mit Worten erklären. Die Zusammenhänge kann es
nicht verstehen, weil ihm die Erfahrungen fehlen, und meine rationalen
Erklärungen belasten und verwirren es nur - und dann stellt es immer mehr
Fragen oder gar keine mehr! Mit dem Volksmärchen kann ich ihm ein Bild
von den Schwierigkeiten des Lebens geben, ohne es zu überfordern und ohne
ihm den Lebensmut zu nehmen. Denn das Märchen ist optimistisch: es hilft
immer dem Schwachen.

*Hedwig von Beit in 'Das Märchen'.

Raum und Zeit

Vor langer Zeit - irgendwo - irgendwann.

Das Geschehen im Märchen ist nicht an Zeit und Raum gebunden. Sieben Jahre Stummheit (Die sechs Schwäne) sind symbolisch zu verstehen; es dauert sehr lange, das Leiden wird grösser, für unser Empfinden fast unerträglich. Nach dieser Zeit, und wenn die Flammen unter der Heldin lodern - im rechten Augenblick - kann die Schwester wieder sprechen und erlöst dadurch ihre Brüder, rettet ihre eigene Haut und erhält ihre Kinder wieder. Kennen wir das nicht auch? Wir brauchen die nötige Zeit zur inneren Entwicklung, um im rechten Moment richtig zu reagieren. Oder wir sind stumm, können uns nicht äussern.

Innerhalb eines Märchen altern die Figuren nicht. Sie sind jung oder alt. Einzig bei der Hauptfigur und bei ihrem Tierpartner verspüren wir eine Veränderung, im Sinn einer Entwicklung und Reifung. Im 'Rapunzel' lernen wir die Heldin sogar schon vor ihrer Geburt kennen, und am Ende der Geschichte ist sie Königin und Mutter von zwei Kindern.

Ein Märchen ist für mich eine höchst differenzierte, ausführlich beschriebene und kunstvoll gestaltete Auffächerung eines geistig-seelischen Erlebnisses. Dabei erfahren wir doch Sekunden als Ewigkeit und können Einblick in eine andere Dimension gewinnen: Tore und Räume öffnen sich, innere Bereicherung und Erweiterung werden wöglich. Und diesen Reichtum kann uns niemand nehmen.

Uns Zeit lassen, dem Kind Zeit und Raum geben für seine geistig-seelische Entwicklung: wir sollten uns mehr nach der inneren Uhr (Natur) richten. Die Helden und Heldinnen haben immer Zeit, und sie gelangen dadurch in neue Dimensionen, in die Tiefe, in die Höhe, zur Wahrheit. In 'Die sieben Raben' geht das Mädchen bis ans Ende der Welt, weiter bis zum Mond, zur Sonne, zu den Sternen und noch weiter bis zum Glasberg ... dann 'erst' und dort erlöst die Schwester ihre Brüder.

Der Held und die Heldin
bewegen sich frei in Zeit und Raum,
aber gebunden an ihren Weg.

Die Zauberwelt

Märchen faszinieren meistens durch die Hexen- und Zauberwelt. Die Welt, wo Wesen wirken, die es auf unserer Erde nicht gibt. Es ist die Welt, wo Wunder und Wandlungen geschehen. Es ist eine andere Wirklichkeit, die uns aber doch vertraut erscheint.

Die Zaubermärchen werden als die 'echten' Märchen empfunden, und sie werden in der Literaturwissenschaft auch so bezeichnet. Für die Zauberwelt verwende ich Max Lüthis Begriff 'jenseitige Welt'.

DIE JENSEITIGE WELT

Welche Wesen und Figuren wirken dort?

Wesen, die noch kein Mensch gesehen hat - und doch kennen wir sie alle, ja, wir wissen sogar, wie sie aussehen!

- die Hexen und weisen Frauen
- das graue Männlein und der weise Alte
- die Zwerge und Riesen
- die sprechenden Tiere
- die wesenhaften Gestirne und Elemente

Es geschehen Wunder und Wandlungen

- Figuren werden versteinert und wieder lebendig
  ('Die Goldkinder', 'Die Bienenkönigin', 'Der treue Johannes').
- Köpfe werden abgehackt und wieder aufgesetzt ('Der treue Johannes').
- Rotkäppchen wird vom Wolf verschlungen und bleibt dabei unverletzt und erstickt nicht.
- Dornröschen ist nach hundert Jahren Schlaf so jung und schön wie vorher.
- Tiere wandeln sich in Menschen ('Das Eselein', 'Hans mein Igel', 'Der Froschkönig', 'Das singende springende Löweneckerchen').
- mit Zauberdingen kann man verschlossene Tore öffnen oder im nächsten Moment auf dem Glasberg sein ('Das Wasser des Lebens', 'Der Trommler').

Wunder und Wandlungen
geschehen in der Zauberwelt,
im irrationalen Bereich.

DIE DIESSEITIGE WELT

Selten beginnt ein Märchen in der Zauberwelt. In der Regel beginnt es in der Wirklichkeit, in der gewöhnlichen Alltagswelt (vergleiche S. 59). Der Weg der Hauptfigur hat auch da seinen Anfang. Erst im Verlauf der Geschichte, an einem bestimmten Punkt, gelangt sie in die jenseitige Welt. Das wird uns aber beim Hören oder Lesen eines Märchens kaum bewusst, weil Held oder Heldin überhaupt nicht zögern oder staunen, in diese Welt einzutreten.

Der 'Schwellenübertritt' findet dann statt, wenn eine jenseitige Figur auftaucht, ein Tier oder ein Baum zu sprechen beginnt oder sonst etwas geschieht, was auf unserer Erde nicht möglich ist. Zum Beispiel:

'Rotkäppchen': der Wolf spricht.

'Der Froschkönig': der Frosch spricht.

'Frau Holle': nach dem Sprung in den Brunnen erwacht das Mädchen auf der wunderschönen Wiese.

'Brüderchen und Schwesterchen': das Wasser, das Bächlein spricht.

'Dornröschen': fällt nach dem Stich mit der Spindel in einen hundertjährigen Schlaf, wobei der Fluch der vergessenen Fee, und am Anfang des Märchens der Frosch, der zur Königin spricht, auf ein wunderbares Geschehen hinweisen.

'Die Bienenkönigin': die versteinerten Pferde.

'Das Wasser des Lebens': der weise Alte.

'Der süsse Brei': die weise Alte im Wald.

'Das Waldhaus': die sprechenden Tiere.

'Rapunzel': der Einblick der Mutter in den Zaubergarten und ihre Gier bestimmen den Weg der Heldin schon vor ihrer Geburt.

DIESSEITIGE WELT   JENSEITIGE WELT

FIGUREN IM MÄRCHEN

(sind nicht individuell gezeichnet)

Mädchen	sprechende Tiere
Eltern	Hexen und weise Frauen
Dummling	uralter weiser Mann
König, Königin	kleines Männchen
Bauer, Holzhacker	Riesen und Zwerge
Schwester, Bruder	Zauberin
Hans und Gretel	Sonne, Mond, Sterne, Wind, Wasser

Der 'Schwellenübertritt', die Berührung dieser zwei Welten geschieht im
Märchen meist in der Natur: Brunnen, Wiese, Feld, am Ende der Welt, in sehr
vielen im Wald. Der Wald als Ort, wo ich nicht 'durchblicke', überrascht
werden kann, ich weiss nicht, ob hinter dem nächsten Baum ein munterer
Hase oder ein wildes Tier hervorkommt, eine Hexe oder eine gute Fee.

WAS DIE ZWEI WELTEN FÜR UNS BEDEUTEN KÖNNEN

aussen	innen
Materie	Geist, Seele
sinnlich	übersinnlich
sichtbar	unsichtbar
messbar	irrational
Verstand	Gefühl
vertraut	fremd
objektiv	subjektiv
Yang	Yin

Diese Welten berühren und verbinden sich, wo unsere Ahnungen und Bilder
auftauchen.

Die diesseitige Welt im Märchen
steht für die Vernunft (Ratio)
und den Verstand (Intellekt).

Die jenseitige Welt im Märchen
steht für die Welt der Seele
und des schöpferischen Geistes.

ZUM SYMBOLVERSTÄNDNIS

Was bedeutet für uns eigentlich zaubern oder hexen? Wir bezeichnen damit
im allgemeinen Vorgänge, die wir rational nicht be-greifen, nicht er-klären
können, die für uns un-fassbar, un-beschreiblich sind. Also all das, was
für uns wohl existiert, aber auf einer anderen Erlebnis-Ebene, in einer
anderen Welt geschieht. In dieser anderen Welt gelten auch andere Gesetze,
welche sich der rationalen Logik entziehen und die wenig Gemeinsames mit
den geschriebenen Gesetzen der Gesellschaft haben. Es ist die Welt der
Psycho-Logie: Psycho heisst Seele, Gemüt; Logos ist die Weisheit, die
Wahrheit.

BEDEUTUNG FÜR UNS ERWACHSENE

Wenn wir den Aspekt der zwei Welten im Märchen bewusst betrachten, wird
deutlich, dass die Hauptfigur mit grosser Leichtigkeit von einer Welt in
die andere geht. Beide sind ihr also gleich nah und gleich fern; auch verhält sie sich hier wie dort auf die gleiche Art und Weise.

Wie ist das bei uns? Die meisten kennen wohl beide Welten. Es fragt sich
nur, wie gross die Kluft dazwischen ist: zwischen Verstand und Gefühl,
zwischen Innen und Aussen.

Die technisierte Welt ist diesseitig orientiert. Menschlichkeit, Freude und
Trauer weichen zugunsten der Sachlichkeit. Das Gefühl wird in den Untergrund

verbannt. Dort lebt es weiter und macht sich unverhofft bemerkbar, bleibt unserer sinnvollen Kontrolle entzogen, wird unberechenbar, einseitig, unbeherrscht. Es äussert sich dann - um mit dem Bild des Märchens zu sprechen - tierisch.

Wenn wir dem Innen-Leben nur ein Insel-Dasein erlauben, werden wir physisch oder psychisch krank, weil wir Menschen ein Verlangen nach Harmonie haben. Das Märchen gibt uns ein Bild davon, wie wir Innen mit Aussen, Verstand mit Gefühl verbinden können. Das Märchen trennt nicht.

DIE BEDEUTUNG FÜR DAS KIND

Das Kleinkind erlebt sich und die Welt noch als Einheit und erst allmählich erfolgen Trennungen. Es erlebt alles als 'Wirklichkeit', was von ihm intensiv erlebt wird, wobei es noch nicht zwischen seiner Phantasie und äusserlichem Geschehen unterscheiden kann.
Auch beseelt das Kind Gegenstände und spricht ganz selbstverständlich mit ihnen. Es redet mit der Puppe, den Tieren, dem Wind und dem Mond. Auch die Märchenhelden und -heldinnen tun das. Im übertragenen Sinn heisst das, dass sie die Stimmen der Natur verstehen, mit der Natur verbunden sind. Auch das Kind ist es, deshalb hat es einen spontanen Zugang zum Märchen und fühlt sich verstanden, wenn wir ihm eines erzählen.

> *"Dem Kind mag die Märchenwelt*
> *in eben dem Masse natürlich*
> *sein, als sie dem Erwachsenen*
> *unwirklich ist."**

* Charlotte Bühler in 'Das Märchen und die Phantasie des Kindes'.

Polaritäten

"Der Polaritätsbegriff ist für den Menschen notwendig, um Vorstellungen zu bilden, ebenso wie der Raum- und Zeitbegriff.
Eine Bewertung, eine Anschauung, eine Behandlung einer Wahrnehmung verwendet sofort das polare Gegenstück, um gewissermassen zur geistigen Plastik zu kommen. Gross und klein, gut und böse, wichtig und gleichgültig und tausend andere Bewertungen entstehen durch bewusste oder auch unbewusste Gegenüberstellungen des Objekts gegen sein polares Gegenstück.
Mit anderen Worten: alle diese Dinge sind relative Begriffe.

Nur Gott allein steht über dem Relativen, denn er ist selbst das Absolute. Er hat kein polares Gegenstück und das böse Prinzip oder der Teufel, oder wie immer dieses fiktive Gegenstück auch genannt werden mag, ist nur aus der Denknotwendigkeit des Menschen entstanden, nicht aus einer irgendwie gearteten Wirklichkeit heraus.

Die Menschen kommen einer Vorstellung Gottes auf bequeme Art entgegen, wenn sie ihm ein polares Gegenstück erfinden. Damit tritt Gott in die Möglichkeit des Beurteiltwerdens ein, er wird gewissermassen zu einem Bestandteil des Relativen gemacht. Ein gewaltiger Irrtum, aber wohl eine irdische Notwendigkeit, von der nur die reinste Esoterik vollkommen befreien kann."*

GEGENSÄTZE IM MÄRCHEN

Das Märchen verwendet oft Kontraste wie fleissig und faul, schön und hässlich, arm und reich, gut und böse, dadurch wird unmissverständlich klar, worum es geht. In diesem Sinn ist das Märchen abstrakt, denn es erzählt nicht von wirklichen Begebenheiten, sondern von möglichen Extremen.

In unserem Alltag kennen wir sie auch. Sind wir doch einmal faul, dann wieder fleissig; wenn wir in den Spiegel schauen finden wir uns schön, wenn es uns gut geht, oder hässlich, wenn wir garstig sind; wir sind gut und böse. Und wenn wir beide Seiten ohne Wertung annehmen, erleben wir uns als Ganzheit.

* Franz Carl Endres in 'Symbolik in Goethes Faust' (vergriffen).

Polaritäten

Im Verlauf eines Märchens fliesst der eine Pol zum andern, das heisst, die anfängliche Situation verändert sich in ihr Gegenteil:

> der Reiche wird arm
>
> der Arme wird reich
>
> die Verwöhnte wird bestraft oder stirbt
>
> die Unterdrückte wird Königin
>
> der Dumme wird ein weiser König
>
> die Hungernden werden ernährt
>
> die Hochmütigen werden bestraft oder wandeln sich zu Demütigen

Im übertragenen Sinn bedeutet diese Veränderung, dass die anfänglich äussere bewusste Einstellung (Eigenwille, Vorurteil) sich in das Gegenteil kehrt. Dabei geht es dem Märchen nicht bloss um die Umkehrung, sondern um den Prozess, die Wandlung, die Wahrheitsfindung.

FÖRDERN DIE POLARITÄTEN NICHT EINE SCHWARZ-WEISS-MALEREI?

Kinder leben noch in Extremen. Sie sagen: "Immer darf er, ich nie." Und schnell ist das wilde Teufelchen wieder ein sanftes Engelchen. Die raschen Stimmungswechsel und die extremen Bewertungen sind natürlich für das Kind. Wir Erwachsene haben Mühe, Gegensätzlichkeiten gleichwertig und gleichzeitig zu erleben, wir wollen schwarz oder weiss, weil wir uns an etwas halten möchten, und so erziehen wir auch die Kinder. Mit einer Entweder-oder-Haltung können wir jedoch keine Harmonie erleben, denn dazu müssen wir Sowohl-als-Auch gelten lassen.

Weil das Märchen das Gegensatz-Paar - gut-böse, schön-hässlich, fremd-vertraut - beinhaltet, ist es nicht einseitig. Weil es keinen der beiden Pole ausschliesst, wirkt es verbindend.

> *Wenn das Kind Polaritäten erleben darf,*
> *lernt es sich als Ganzheit kennen und*
> *kann dadurch seine Harmonie eher finden.*

KONTRASTFIGUREN

Die Kontrastfiguren sind meistens Brüder oder (Stief-)Schwestern, jeweils gleichgeschlechtlich zur Hauptfigur, wie zum Beispiel in 'Frau Holle'.

Die beiden Pole - bei uns in einer einzigen Person vereint - werden im Märchen als Bild getrennt dargestellt.

GOLDMARIE	PECHMARIE
wird geplagt	wird verwöhnt
muss hart arbeiten	wird bedient
geht auf die Strasse	sitzt zu Hause
sticht sich bei der Arbeit in den Finger	sticht sich absichtlich in den Finger
springt aus Verzweiflung in den Brunnen	springt aus Gier nach Gold in den Brunnen
wird ohnmächtig	
erwacht auf der Wiese	fällt auf die Wiese
das Brot ist gebacken sie nimmt es heraus	lässt das Brot verbrennen bis es schwarz ist
die Aepfel sind reif sie schüttelt den Baum	lässt die reifen Aepfel verfaulen
hat zuerst Angst vor Frau Holle	hat keine Angst
lässt es schneien auf der Welt, kann geben	gibt sich wenig Mühe denkt nur ans Gold
hat Heimweh	will endlich das Gold
extreme Belohnung	extreme Strafe
leuchtet und strahlt	das Pech bleibt an ihr hängen

Goldmarie geht ihren Weg mit Gefühl und Rücksicht, sie ist wach und reagiert angemessen, sie ist ein Sinnbild für die	Pechmarie verfolgt berechnend und kalt ihr Ziel: sie will auch Gold. Sie ist fixiert, achtlos und erhält des Gegenteil. Sie ist ein Sinnbild für die
SEINS-HALTUNG	HABEN-HALTUNG

DIALOG ZWISCHEN MUTTER UND SOHN, SECHSJÄHRIG

ICH HABE ANGST.
- WOVOR?
SCHNEEWITTCHEN.
- JA, WER BIST DU DENN?
ICH BIN DER ARBEITER, DER DEN SARG MIT DEM SCHNEEWITTCHEN
TRÄGT. WESHALB IST DIE MUTTER BÖSE, GIBT ES DAS?
- SIE HAT EIN BÖSES HERZ.
HAST DU AUCH EIN BÖSES HERZ?
- MANCHMAL SCHON, ES IST GUT UND BÖS.
DANN HABE ICH EIN GEMISCHTES.

gut und böse

"Die heile Welt, die heute als zerfallen gilt, hat es in Wirklichkeit nie gegeben. Wir projizieren sie rückwärts in die "golden twenties", die "Belle époque" von Paris, die Zeit der Wanderburschenherrlichkeit, die mittelalterliche Stadt, das klassische Altertum oder die Existenz vor dem Sündenfall. Die heile Welt existiert als Kompensation von bedrohter Welt vor allem im Rückblick. "Wie schön ist's, ein Kind zu sein", ist ein Vers, der nur von einem Erwachsenen gesungen werden kann, der rückwirkend sogenannt kindliche Unschuld und kindliche Geborgenheit idealisiert. In Wirklichkeit sind Kinderkonflikte und Kindernöte in ihrer Art subjektiv mindestens so belastend wie die schweren Sorgen der Erwachsenen. Heile Welt, Paradies, ist aber eine Vorstellung, die sich entgegen aller Erfahrung hartnäckig am Leben hält. Sie entspricht einem seelischen Bedürfnis, ist als psychische Realität deshalb ernst zu nehmen und hat vielleicht einen tieferen Sinn."*

AUSTREIBUNG AUS DEM PARADIES

Adam und Eva wurden aus dem Paradies vertrieben, weil sie vom Baum der 'Erkenntnis von Gut und Böse' gegessen hatten.

"Der Paradiesverlust, das heisst, der Verlust der reinen Anschauung tritt ein in dem Augenblick, in dem der Mensch weiss, was gut und böse ist, das heisst, dem Polaritätsbegriff durch die Herrschaft seines Intellekts ausgesetzt ist."**

DAS KIND

Der Säugling lebt noch in einer Einheitswirklichkeit, in der reinen Anschauung: er kommt auf die Welt und saugt sie sozusagen noch uneingeschränkt auf. Er reagiert unbewusst und ist ganz auf unsere Zuwendung angewiesen. Das Kleinkind kennt noch keine Trennung zwischen sich un der Umwelt und keine Wertung im Sinn von Gut und Böse. Erst allmählich kommt, im Bild gesprochen, die Austreibung aus dem Paradies. Das Kind beginnt, die Welt zu entdecken, macht eigene Erfahrungen.

* Mario Jacoby in 'Sehnsucht nach dem Paradies'.
** Franz Carl Endres in 'Symbolik in Goethes Faust'.

In vielen Märchen muss das Kind von zu Hause fort. Im 'Rotkäppchen' schickt
die Mutter ihre Tochter zur Grossmutter, weil sie krank ist. Allein tritt
Rotkäppchen hinaus in die Welt, auf den Weg durch den Wald.
Naiv, das heisst ohne Erfahrung und Wertung, lässt es sich auf den Wolf ein.
Vor Grossmutters Bett ist es dann verunsichert und kann nicht zwischen dem
Wolf und der Grossmutter unterscheiden. Fehlt ihm dazu die nötige Erfahrung
oder hat die Grossmutter eine verschlingende Tendenz, die dem Kind je länger desto unheimlicher vorkommt? Die Geschichte erzählt uns ja, wie lieb
die Grossmutter Rotkäppchen hat, und gar nicht mehr weiss, was sie ihm schen-
ken soll. Sie hat es also verwöhnt. Jedenfalls macht Rotkäppchen die Erfahrung des Verschlungenwerdens. Mit Hilfe kommt es wieder aus dem dunkeln
Bauch heraus. Endlich kann es wieder frei atmen.

In dieser Art macht jedes Kind schmerzhafte Erfahrungen, denn sie gehören
zur Entwicklung. Auch wenn es der Mutter im Herzen weh tut, ihr Kind leiden
zu sehen, verhindern kann sie die Schmerzen nicht. Rotkäppchen dachte nach
der überstandenen Krise: ich will nicht mehr vom Weg abgehen. Auf dem Weg
bleiben heisst hier, wie in den meisten Märchen: bei sich bleiben, seinen
Weg gehen und sich nicht von anderen davon abbringen lassen.

Der bewusste Mensch hat die Wahl, und wir können lernen, wachsamer zu werden
als Rotkäppchen - nicht wertender! Einlassen sollten wir uns schon auf den
Wolf, denn wir wissen nicht zum voraus, ob es ein gieriger oder ein hilf-
reicher ist. Wir wissen nicht, ob der hässliche Zwerg am Wegrand der Teufel
in Person oder das allwissende Männlein ist.

DIE UTOPIE VOM GUTEN MENSCHEN

Gut will der Mensch sein - wer will schon schuldig sein?
Mit der Erkenntnis von Gut und Böse beginnt sich ein ethisches Bewusstsein zu entwickeln, ein Ge-wissen bildet sich. Ethisches Bewusstsein setzt
aber Schuldbewusstsein voraus, und ein Ge-Wissen haben bedeutet gleichsam
Verantwortung tragen. Sehnen wir uns deshalb nach dem Paradies, weil wir
die Verantwortung für unser Handeln nicht immer wahrnehmen wollen?

Die Märchenheldinnen und -helden sind Sinnbilder für den guten Menschen. Sie sind vom Glauben an das Gute getragen und handeln in Liebe: nicht wertend, mit offenen Sinnen, wachsam, ohne Habgier, mit Geduld und vertrauensvoll gehen sie ihren Weg. Sie müssen nichts haben, deshalb wird ihnen gegeben, die erhaltenen Zauberdinge verwenden sie klug und nur in der Not – und wenn sie doch einmal berechnend sind, wird der Weg erneut beschwerlich. Sie opfern ihren Eigenwillen und werden somit vom Lebensstrom getragen und weitergeführt.

Für uns ist das Utopie. So gesehen enthalten Märchen ein tiefes Wissen – und wir können davon lernen.

'ICH BIN DER GEIST, DER STETS DAS BÖSE WILL UND STETS DAS GUTE SCHAFFT'

sagt Mephisto in Goethes Faust.

Dieser Geist gehört zum Menschsein. Täglich sind wir mit ihm konfrontiert. Durch ungute Gefühle, schlechte Gedanken, wir tun Dinge, die wir nicht sollten, nicht wollen. Wir hadern mit all unseren Schwächen.

Wir haben Angst und fühlen uns bedroht, und am liebsten möchten wir alles Unangenehme auf die Seite schieben. Es fällt uns immer wieder schwer, die Schattenseiten des Lebens anzunehmen und uns mit ihnen auseinanderzusetzen. Die Volksmärchen erzählen uns dazu folgendes:

> Die Auseinandersetzung mit dem Bösen ist notwendig. Sie wendet unsere Not – zum Guten.

Die Märchen berichten auch davon, wie diejenigen stehenbleiben und leer ausgehen, welche die Konfrontation mit dem Bösen scheuen oder ihm nicht den nötigen Respekt entgegenbringen.

Das Böse wird überwunden – ich sage absichtlich nicht: es wird besiegt. Das klingt zu sehr nach Brachialgewalt, nach Machtgehabe – und eine solche Haltung zeigen die Helden und Heldinnen nicht. Das Unangenehme wird von ihnen nicht übersehen oder weggeschafft – sie verarbeiten es.

Für die Entwicklung der guten Kräfte, die nur über die Auseinandersetzung mit dem Bösen und den Hemmnissen geht, braucht es eine innere Bereitschaft. Unsere geistigen und seelischen Kräfte sind angesprochen, und unsere Bereitschaft zur Wahrnehmung, zum Denken und Fühlen.

DIE BÖSEN FIGUREN IM MÄRCHEN

Märchenfiguren sind selten a priori böse, sondern sie sind es durch ihr Handeln. Wie ich schon erwähnt habe, kann der Wolf gierig sein oder sich als hilfreich erweisen, und die wunderschöne Prinzessin lässt Männerköpfe rollen.

In den russischen Märchen gibt es die magische Figur der Baba Yaga. Sie wohnt in einem Hüttchen, welches auf Hühnerbeinen steht und sich dreht. Beim Eintritt in die Hütte weiss man nicht, ob Baba Yaga gut oder schlecht gesinnt ist, ob sie weiterhilft oder eine schwierige Aufgabe stellt. Leider sind in 'unseren' Märchen die Hexen fast ausschliesslich böse. In ihrer Art erscheinen sie mir jedoch milder als die Stiefmutterfigur, welche ein Bild für abgründige Bosheit ist.

Die Stiefmutter ist die häufigste böse Figur in der Grimmschen Sammlung. Oft wird ihre Wirkung verstärkt durch die Anwesenheit von einer oder zwei Stiefschwestern der Heldin, also eigenen Töchtern der Stiefmutter.

Die Stiefmutter will das Verderben, den Tod. Sie bedroht mit Hitze, Kälte oder Gift, und sie ist getrieben von Neid, Habgier und Eifersucht.

In den meisten Märchen wird diese 'steife'* Mutter überwunden. Je grausamer ihre Machenschaften und Nachstellungen gegenüber dem Kind waren, desto schlimmer ist ihr Tod. Das will heissen: desto schwieriger war es, sie zu überwinden. Oft spricht sie das Urteil über sich selbst - ein Bild der Selbsterkenntnis.

Die Stiefmutter zeigt deutlich eine Haben-Haltung, und die betroffene Heldin stellt ihr eine Seins-Haltung gegenüber.

* Ulla Wittmann in 'Ich Narr vergass die Zauberdinge'.

WAS KANN DIE STIEFMUTTER-FIGUR DEM KIND BEDEUTEN?

Wir können sie als Sinnbild für jenen Aspekt der Mutter betrachten, der vom Kind her gesehen böse, bedrohlich und als ungerecht erlebt wird. Wir kennen das heftige: "Du böses Mami du!".

"Das Märchen zeigt also dem Kind einen Weg zum Umgang mit widersprüchlichen Gefühlen, die es sonst überwältigen würden, da auf dieser Stufe seine Fähigkeit, gegenläufige Emotionen zu integrieren, noch kaum entwickelt ist. Die Phantasie von der bösen Stiefmutter lässt nicht nur das Bild der guten Mutter unangetastet, sondern verhindert auch Schuldgefühle wegen zorniger Gedanken und Wünsche - solche Schuldgefühle würden das gute Verhältnis zur Mutter trüben.
Das Märchen schützt also das Kind vor Verzweiflung, wenn es die Mutter als böse erlebt."

Ergänzung zum obigen Zitat von Bruno Bettelheim aus 'Kinder brauchen Märchen': weil das kleine Kind von der guten Mutter, der Nährenden, Pflegenden, Tröstenden und Wärmenden ganz abhängig ist, kann sie nicht in Frage gestellt werden - das wäre zu bedrohlich.

WESHALB GIBT ES KEINE STIEFVÄTER?

Diese Frage taucht immer wieder auf, und ich denke, dass die Bindung zur Mutter und dementsprechend die Ablösung von ihr emotional stärker erlebt wird als die vom Vater. Dort, wo die engste Beziehung ist, sind auch die Schmerzen am grössten und die Bedrohung am gefährlichsten. Das beliebteste Märchen zu diesem Thema ist 'Hänsel und Gretel': die Mutter weiss, dass sie die Kinder loslassen, das heisst fortschicken muss, war es ein rationaler Entscheid? Denn später stellt sie ihnen das Knusperhäuschen hin, fängt sie ein, will ihren Sohn gar auffressen, wieder einverleiben. Das ist ein eindrückliches Sinnbild für die Schwierigkeiten von Mutter und Kind, die sich bei der gegenseitigen Loslösung ergeben können. Ein solcher Konflikt kann nur von den Betroffenen ausgetragen werden - der Vater hat dabei wenig Gewicht.
Phantasieren Kinder, welche heute von ihren Vätern erzogen werden, vielleicht eine Stiefvater-Figur? Möglich. Aber etwas ist gewiss und wird sich wohl kaum ändern: das Kind lebt bis zu seiner Geburt in engster Symbiose mit der Mutter - und diese Trennung muss von beiden geleistet werden.

DER UMGANG MIT DEM BÖSEN

Die Lösung der schwierigen Aufgaben, die Ueberwindung der Hindernisse
werden in jedem Märchen in einer anderen Variation dargestellt. Die Bewältigung gelingt dem Helden oder der Heldin nur, weil sie das Böse, das
Hemmnis wahrnimmt. Die Reaktionen darauf sind verschieden dargestellt:

Flucht: kann nötig sein, aber es wird nicht viel dazugelernt

Geduld: sich Zeit lassen, sich Zeit geben

Weinen: seine Schwächen und Grenzen sehen

Schwerthieb: Reaktion im richtigen Moment

Nachdenken und List: geistige Fähigkeiten nutzen

WER ÜBERWINDET DAS BÖSE

In den mir bekannten Märchen ist es immer das schwächste Glied der Familie
oder der Gesellschaft, dem die Ueberwindung der bedrohenden Mächte gelingt:

das Kind

das Jüngste

der Dummling

das verstossene Kind

das als Tier geborene Kind

der arme Bauer

*Im Märchen gelingt jenen Figuren
der Weg zur Erlösung, die anfänglich in der schwächsten
Position waren.*

Das zu hören, gibt dem Kind Zuversicht und Hoffnung, so dass es seine täg-
lichen Schwierigkeiten überwinden kann.

Gerade heute erlebt das Kind viel Destruktivität. Lebenswichtiger Raum wird
zerstört. Weil es oft zu früh in die Erwachsenenwelt 'hineingezogen' wird,
bleibt ihm auch wenig Raum für die Entwicklung seiner seelischen Kräfte.
Viele Väter und Mütter sind stolz, so selbständige und interessierte – an-

statt staunende und träumende Kinder zu haben. Die Kindheit wird ihnen geraubt.

MÄRCHEN, DIE BÖSE ENDEN

In aussereuropäischen Ländern gibt es viele Märchen, die schlimm enden. Der Grund dafür liegt wahrscheinlich darin, dass andere Völker technisch und intellektuell nicht so spezialisiert sind wie wir und dadurch der Natur näher sind. Sie kennen die Gesetze der natürlichen Entwicklung von Mensch, Tier und Pflanzen besser und achten noch die Endlichkeit, den Tod.

Wir Mitteleuropäer glauben, die Natur überlisten zu können, mit Gen-Manipulation und anderen technischen Eingriffen. Dazu kommt, dass wir durch unseren All-Machts-Glauben verblendet sind und meinen, alles Unangenehme abwenden zu können, durch einseitige Medizin, Lebensversicherung, Polizei, Alarmanlage, Armee oder mit gedanklichen Rationalisierungen. Das ist verallgemeinernd gesagt und betrifft vor allem diejenigen, welche keine Märchen lesen.

In den Märchen werden berechnende Eingriffe, Verdrängung des Unangenehmen und die Missachtung der nötigen Zeit zur Entwicklung bestraft. Das Glück wird verpasst, wie zum Beispiel in 'Die Schildkrötenbraut' auf der nächsten Seite. Märchen mit schlechtem Ausgang erfüllen in meinen Augen heute eine wichtige Funktion:

- sie zeigen unsere Begrenztheit
- wir erleben dabei Endlichkeit
- sie spiegeln eine wichtige Realität
- weil sie uns betroffen machen, regen sie uns zur not-wendigen Phantasie an.

Soll ich nun Märchen wie 'Frau Trude' (Brüder Grimm) kleinen Kindern erzählen? Wenn ich die Geschichte bejahe und dem Kind auch zumute, erübrigt sich diese Frage. In jedem Fall sind die Reaktionen der Kinder sehr verschieden von den unsrigen. Ein Kind sagte zu seiner Mutter: "Aber jetzt erzählst du mir noch ein richtiges Märchen".

Es waren drei Brüder, alle drei nicht verheiratet, und die suchten und konnten keine Frau finden. Eines Abends kam als Gast ein sehr alter Mann. Die Brüder empfingen ihn gut und unterhalten sich lange mit ihm. Nach dem Abendessen, beim Gespräch, fragte der Alte, wie es ihnen ginge und ob sie verheiratet wären. Die Brüder erzählten ihm, dass sie unverheiratet seien und dass sie überall gesucht hätten, aber noch keine Frauen zum heiraten gefunden hätten.

Dann sagte der Alte zu ihnen: "Nehmt Pfeile und Bogen und schiesst sie nach oben. Dort, wo die Pfeile hinfallen werden, dort findet ihr euer Glück."

Am nächsten Tag früh nahmen die drei Brüder jeder einen Pfeil und schossen. Dem ältesten Bruder fiel der Pfeil in den Hof des Bey; dem zweiten Bruder in den Hof des Saphia und dem jüngsten Bruder fiel er in den Schlamm. Es ging der erste Bruder und verlangte die Tochter des Bey und der Bey gab sie ihm. Der zweite verlangte die Tochter des Saphia und dieser gab sie ihm auch. Der dritte Bruder, als er zum Schlamm ging, fand dort eine Schildkröte und er nahm die Schildkröte zur Frau.

Als der jüngste Bruder in das Brautgemach eintrat, sah er die Schildkröte und er war traurig über sein schlimmes Los. Aber die Schildkröte war keine Schildkröte, sie war ein verwunschenes Mädchen, und wenn die Nacht kam, kam sie aus ihrem Panzer heraus und wurde immer zu einem Mädchen und am nächsten Tag kroch sie wieder in den Panzer hinein.

Auch in jener ersten Nacht, als der Junge ins Zimmer kam, zog die Schild-kröte den Panzer aus und kam als ein schönes Mädchen heraus, die nicht ihres-gleichen hatte. Als ihr Mann sie sah, wunderte er sich und freute sich. Die Schildkröte sagte zu ihm: "Ich bin ein Mädchen, aber ich bin verwunschen und nur nachts kehre ich zurück und werde wieder ein Mädchen und ziehe den Panzer aus. Tagsüber krieche ich wieder in den Panzer hinein. Wenn man mir den Pan-zer verbrennt, sterbe ich gleich."

Eines Tages lud man die drei Frauen zu Besuch. Die Jüngste wollte als Schild-kröte gehen, aber ihr Mann bat sie, den Panzer auszuziehen und ihm zuliebe als Frau zu gehen, damit die anderen Frauen beim Besuch sie nicht verachte-ten. Die Frau liess sich überreden, zog den Panzer aus, und die drei jungen Frauen machten sich auf den Weg und gingen. Als sie dort ankamen, setzten sie sich an den Tisch, um Brot zu essen.

Der Mann der Schildkröte, der zuhause geblieben war, fing an zu überlegen: 'Wenn ich ihr den Panzer verbrenne, stirbt sie vielleicht nicht und bleibt für immer eine Frau.' Und er nahm ihn und verbrannte den Panzer.

Als der Panzer verbrannte, merkte die junge Frau beim Essen den Geruch des verbrannten Panzers und gleich stand sie auf vom Tisch und ging weinend nach Hause. Als sie hinkam, sah sie, dass er ihren Panzer verbrannt hatte. Es dauerte nicht lange und sie starb.

Dieses Märchen wurde nach einer Erzählung eines 16jährigen Schülers in Albanien im Jahre 1959 aufgezeichnet. Ich habe es der Sammlung 'Albanische Märchen' des Diederich Verlags entnommen.

KANN EIN MÄRCHEN ANGST AUSLÖSEN?

Ja. Auch bei Erwachsenen.

Es können aber nur Aengste hervorgerufen werden, die schon in uns geschlummert haben. Die Bildsprache ist auch die Sprache des Unbewussten, und so können die Bilder eines Märchens tiefe Schichten im Menschen anrühren und bewegen. Deshalb ist es möglich, dass Dinge hervorgerufen werden, die uns bis anhin verborgen blieben.

Das Märchen malt keine Gruselbilder und stellt keine Qualen dar. Es spricht weder von fliessendem Blut noch von Schmerzen. Rotkäppchen und die sieben Geisslein entkommen unversehrt dem Wolfsbauch; dabei sollten sie zerbissen und zerkleinert sein. Sie sind es nicht, weil die Handlung symbolisch ist.

DEM KIND GRAUSAMKEITEN ERSPAREN

Vor allem Mütter wollen ihrem Kind die Grausamkeiten im Märchen ersparen, (leider stellt sich das gleiche Bedürfnis vor dem Bildschirm nicht ein). Auch auf Kassetten finden wir solche Versuche: das Mädchen in 'Die sieben Raben' schneidet sich das Fingerlein ab, weil es den Schlüssel zum Glasberg verloren hat. Es tritt ein und der Zwerg sagt:'Was suchst Du, mein Kind?'. Auf der Kassette sagt der Zwerg:'Du Armes, komm, ich will Dir Dein Fingerlein verbinden!'. Solche Besorgnis ist im Märchen falsch. Denn erst die Bemerkung der Erzählerin fixiert uns auf die verstümmelte Hand. Ohne die vermeintliche Verschönerung konzentrieren wir uns in der Regel auf den symbolischen Gehalt einer Handlung, wie in dieser Geschichte auf das Opfer, die Opferbereitschaft.

Mit Versuchen zur Verharmlosung erspare ich dem Kind also keine Schreckensbilder, im Gegenteil: mit Erklärungen und Umschreibungen hole ich das symbolische Märchengeschehen auf die äussere Wirklichkeitsebene, in die Welt der Rationalität und setze dadurch einen falschen Akzent. Und dann wird die Figur bedrohlich und löst, von aussen her, Aengste aus. Und zusätzlich spürt das Kind meine Verunsicherung beim Erzählen, was die Angst verstärkt.

Noch etwas: auch ohne Märchen erfinden die Kinder Bösewichte, Gespenster, Löwen oder Glünggi, denn sie suchen die Auseinandersetzung mit dem Bösen, weil sie für ihre Entwicklung notwendig ist.

UMGANG MIT DER ANGST

Ein Rezept gibt es dafür nicht. Jede Mutter, jede Kindergärtnerin muss den Weg bei jedem Kind neu finden.

Aengste sind etwas Natürliches. Wo die Grenze zum Krankhaften überschritten wird, ist stets nur beim einzelnen Kind zu beurteilen.

Je weniger ich mir jedoch über meine eigenen Aengste im klaren bin, desto mehr Mühe bereiten mir die Aengste des Kindes.

> *Es ist wichtig, dass wir die Aengste des Kindes ernstnehmen - auch wenn sie uns nicht verständlich sind.*

Wir sollten uns unbedingt bewusst sein, dass ein kleines Kind nicht über seine Gefühle sprechen kann, weil es sein Verhalten nicht reflektieren kann. Deshalb sind seine Aengste unbestimmbar und unaussprechbar.

Aus diesem Grund kann dem Kind das Bild der bösen Hexe oder des Wolfes eine willkommene Figur sein, um seiner Angst endlich einen Namen zu geben. Das ermöglicht dem Kind dann, den Umgang mit der Angst zu lernen:

- sie ist ansprechbar
- es kann mit dem Wolf, der Hexe, dem Löwen spielen
- es kann ihn verscheuchen, töten oder gar essen
- es kann ihm als Schutzengel eine gute Figur gegenüberstellen.

Und wir Erwachsene können mitmachen. Bei einem Kind kann es richtig sein zu sagen, dass wir keinen Wolf unter dem Bett sähen - beim andern ist das falsch und es wäre besser, mit dem Wolf die Treppe hinunterzugehen und ihn aus dem Haus zu jagen. Wenn nötig, tun wir das Abend für Abend.

Die Angst und das Böse sind existentielle Probleme, die uns das ganze Leben hindurch auf irgendeine Art und mit immer neuen Gesichtern begleiten. Je mehr wir uns damit auseinandersetzen, desto eher wandelt sich das Böse in positive Kraft.

> *Weil das Märchen das Böse klar und unmissverständlich nennt und die Entwicklung der guten Kräfte beschreibt, kann das Kind in der Geborgenheit von Mutters Schoss beim Hören eines Märchens den Umgang mit dem Bösen lernen.*

männlich und weiblich

MANN UND FRAU

Mann und Frau gibt es seit der Schöpfung. Wie Himmel und Erde, Tag und
Nacht, Sonne und Mond.

Jeden Monat, im Rhythmus des Mondes, bereitet sich in der Frau ein Ei vor,
um den Samen des Mannes aufzunehmen. Und durch die Vereinigung der beiden
kann neues Leben entstehen, wird Leben überhaupt weitergegeben. Das ist
ein Naturgesetz.

Dieses Gesetz gilt auch für unsere geistig-seelische Entwicklung. Damit
unser innerer Lebensfluss erhalten bleibt, ist es notwendig, dass sich
weiblich-empfangende und männlich-schöpferische Impulse vereinigen.

MÄNNLICHE UND WEIBLICHE FIGUREN IM MÄRCHEN

Die Märchenfiguren können wir, entsprechend dem oben beschriebenen inneren
und äusseren Naturgesetz, als Akteure auf zwei verschiedenen Ebenen betrachten.

- Als Mann und Frau in der Beziehung zueinander und in Beziehung zu ihrem
  sozialen Umfeld. Das ist die objektivierende Anschauung.
- Diese Figuren können wir als Symbole für das weibliche und männliche
  Prinzip in uns selbst sehen. Das ist die subjektive Ebene.

Keine der Anschauungen ist richtig oder falsch. Historiker und Soziologen
wählen eher die objektive, Tiefenpsychologen und Antroposophen auch die
subjektive Ebene. Wir sollten sie nicht gegeneinander ausspielen, spiele-
risch können wir beide Wege gehen, denn beide sind anregend.

Weil das Märchen den psychologischen Gesetzen folgt und nicht der gesell-
schaftlichen Moral, ist allerdings die subjektive Betrachtungsweise stim-
miger. Das Märchen kommt mir dann näher, macht mich betroffener, und dadurch entdecke ich meine Innenwelt und beginne Vorgänge zu verstehen, die
mir bisher verborgen blieben.

DIE HOCHZEIT

Zum Abschluss vieler Märchen findet eine Hochzeit statt, die Verbindung
von Mann und Frau, von Geist und Seele, vom männlichen und weiblichen
Prinzip. Die Vereinigung wird erst nach Entbehrungen, Verirrungen und
überwundenen Hindernissen möglich. Der Weg zu dieser Harmonie kann lange
und beschwerlich sein.

Im Märchen wird diese hohe Zeit nicht näher beschrieben, sie ist Ende des
Weges, kein Dauerzustand. Auch in unserem Leben sind die Momente der ge-
lungenen Harmonie nicht alltäglich - und wir können sie auch nicht festhal-
ten. So reiht sich im übertragenen Sinn ein Märchen an das andere - das
nächste Märchen beginnt wieder mit einer Disharmonie, mit Mangel und Not.

In dieser Weise betrachtet ist das Volksmärchen wahr und realistisch,
nicht etwa romantisch oder kitschig. Dies wird es höchstens in Illustra-
tionen, in unserer Phantasie, im Theater oder im Film.

Mit dem Schema auf der nächsten Seite versuche ich darzustellen, wie das
männliche und weibliche Prinzip, die guten und die bösen Kräfte im Märchen - wie im Leben - zusammenspielen.

Die Märchenfiguren sind Symbol für einen Teil in uns. Innerhalb der Geschichte verändern sie sich nicht. Deshalb lassen sie sich in das Modell
eingliedern - jedoch nicht die Hauptfigur, weil sie sich entwickelt (vergl.
S.24). Sie ist sozusagen der Mittelpunkt, mit allen andern verbunden.

Es ist nicht immer eindeutig, wohin wir eine Figur setzen sollen, das ist
nicht schlimm, gibt uns ein Bild davon, wie schillernd dieses Spiel ist.
Wohin gehört zum Beispiel die Grossmutter von Rotkäppchen? Spontan setzen
wir sie in den positiven Bereich - bei genauem Hinsehen rutscht sie aber
in das negative Wirkungsfeld.

Wenn wir uns darüber klar werden, ob eine Figur +♀ oder -♀, +♂ oder -♂ ist,
wird deutlich, welche Hemmnis im Märchen überwunden werden muss, wer die
Helferin oder der Helfer ist. Jedenfalls machen wir uns Gedanken über das
Kräftespiel im Märchen - und in uns selbst.

WEIBLICHE FIGUREN   MÄNNLICHE FIGUREN

weibliches Prinzip   männliches Prinzip

Seele   Geist

Erde   Himmel

Mond   Sonne

Yin   Yang

DAS GUTE

DAS LICHT - DIE ENTWICKLUNG - DIE LIEBE - DAS IDEELLE - DAS VERBINDENDE

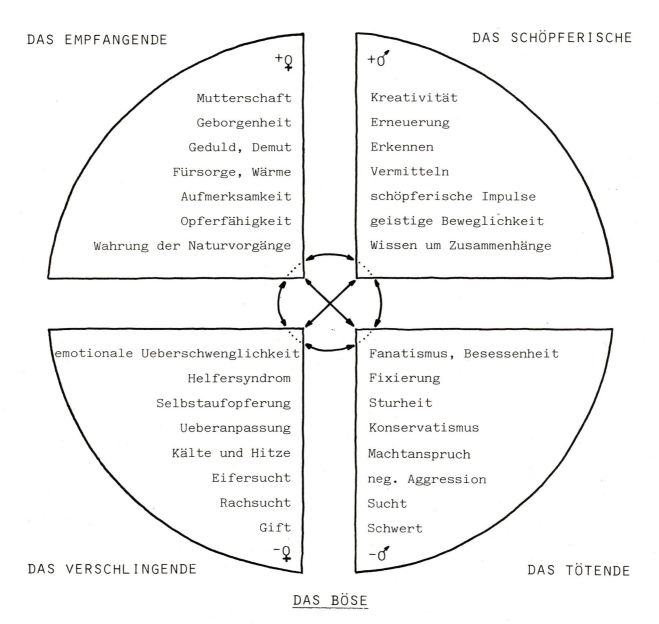

DAS EMPFANGENDE   DAS SCHÖPFERISCHE

+♀   +♂

Mutterschaft   Kreativität

Geborgenheit   Erneuerung

Geduld, Demut   Erkennen

Fürsorge, Wärme   Vermitteln

Aufmerksamkeit   schöpferische Impulse

Opferfähigkeit   geistige Beweglichkeit

Wahrung der Naturvorgänge   Wissen um Zusammenhänge

emotionale Ueberschwenglichkeit   Fanatismus, Besessenheit

Helfersyndrom   Fixierung

Selbstaufopferung   Sturheit

Ueberanpassung   Konservatismus

Kälte und Hitze   Machtanspruch

Eifersucht   neg. Aggression

Rachsucht   Sucht

Gift   Schwert

-♀   -♂

DAS VERSCHLINGENDE   DAS TÖTENDE

DAS BÖSE

DER SCHATTEN - DAS HEMMNIS - DIE ANGST - DAS MATERIELLE - DAS TRENNENDE

MÄRCHEN FÖRDERN DAS TRADITIONELLE ROLLENVERHALTEN

Diese Kritik am Märchen ist häufig zu hören. Gemeint wird damit meistens die demütige, scheinbar passive Haltung der weiblichen Figuren.

Ich verstehe diesen Einwand, muss aber gleichzeitig sagen, dass er nur vom rationalen Standpunkt her gesehen richtig ist. Denn sobald wir die Märchen auf der objektiven und sozialen Ebene betrachten, geht nichts mehr. Dann sind es Lügengeschichten. Das beginnt schon bei 'Hänsel und Gretel': wohl in keiner mitteleuropäischen Familie gibt es nur noch ein Stück Brot und dann den Tod. Weshalb aber geniessen und lieben die mit Nahrung eher verwöhnten Kinder dieses Märchen so sehr?

Demut, Geduld, das Warten sind Eigenschaften, welche in unserer schnellebigen Zeit fast schon am Verschwinden sind. Aktivität, auf und am Draht sein sind Trumpf, nicht der Müssiggang.

Aber gehören nicht auch diese sogenannt passiven Eigenschaften zu unserem Leben? Wir brauchen Erholungszeiten, wo wir im stillen Kraft schöpfen, wo in uns etwas heranreift. Auch die Erde scheint während ihrem Winterschlaf passiv zu sein. Unter der Schneedecke, im Verborgenen bereitet sie sich auf den Frühling vor. Und wenn genügend Sonnenwärme da ist, bringt sie Blumen, Düfte und Früchte hervor. Wir vertrauen 'blindlings' der Mutter Erde, und obwohl sie von uns Menschen viel ertragen muss, schenkt sie uns ihren Reichtum. Wie lange noch? Sollten wir ihr nicht dankbarer sein, indem wir ihre Gesetze wieder mehr achten? Unser Hochmut zerstört die Natur, und nur eine demütige Haltung ihr gegenüber würde sie retten.

Diese Forderung können wir auch auf unsere innere Natur übertragen (vergl. dazu S. 58). Wenn wir warten können, bis sich in uns etwas entwickelt hat, warten können, bis die Zeit reif ist, dann finden wir - um ein Märchenbild zu gebrauchen - beim Oeffnen der Nuss ein Mond-, Sonnen- und Sternenkleid. Oeffnen wir sie zu früh, ist sie leer.

DIE AKTIVEN FRAUEN

Aktiv sind alle Heldinnen, sonst wären sie keine. Oft tun sie zwar in unseren Augen nicht viel, aber das Richtige im rechten Moment.

Das Heldinnenhafte im einzelnen Märchen zu ergründen, überlasse ich Dir, liebe Leserin, lieber Leser. Etwas wird beim genauen Hinsehen deutlich:

wenn ich passiv bin, mit den Händen im Schoss auf den Prinzen warte, wird er nicht kommen.

Bemerkenswert ist auch, dass in den bekannten Geschwister-Märchen jeweils die weibliche Figur die aktivere ist und den Weg aus der Misere heraus kennt. In 'Brüderchen und Schwesterchen' - 'Hänsel und Gretel' - 'Fundevogel' - 'Die Wassernixe'.

Zum Frauen-Thema hat Sigrid Früh zwei anregende Märchen-Sammlungen herausgegeben: 'Die Frau, die auszog, ihren Mann zu erlösen' und 'Weise Frauen und Hexen'.

ASCHENPUTTEL ZUM BEISPIEL

Bei genauer Betrachtung dieses Märchens merken wir bald: nicht der Prinz holt das arme Mädchen aus der Asche, sondern Aschenputtel tut den ersten Schritt. Es missachtet das Verbot der Stiefmutter und geht heimlich zum Tanz. Woher nimmt es das nötige Selbstvertrauen? Von der guten Mutter. Täglich hat es dreimal an ihrem Grab gebetet - meditiert. Und mit dieser in der Stille gewonnen Kraft tritt es hinaus in die Welt, es strahlt und tanzt! Dann zieht es sich wieder zurück, zum Gewohnten, in die Asche, unter den Baum, zur Meditation. Aschenputtel braucht Zeit. Und der Königssohn soll es dort 'abholen', wo es herkommt; mit dem Schuh in der Hand geht er von Tür zu Tür, bis er seine Frau findet und sie auch als Aschenputtel sieht. Erst dann wird sie Königin.

DUMMLINGE, DIE WEINEN

Im Märchen ist viel seltener traditionelles Rollenverhalten anzutreffen, als man landläufig meint. Das Bild des weinenden Knaben oder jungen Mannes deckt sich wohl nicht mit dem herrschenden Ideal. Erfreulicherweise emanzipieren sich doch immer mehr Männer und wagen ihre Gefühle und Schwächen zu zeigen. Bilder dazu finden wir in den folgenden Geschichten der Grimmschen Sammlung: 'Die drei Federn' - 'Das Wasser des Lebens' - 'Die Bienenkönigin' - 'Der arme Müllersbursche und das Kätzchen'.

Als Dummling wird von den Hochmütigen jener bezeichnet, der stiller ist, wenig sagt, vertrauensvoll und anders ist. Und wir wissen es schon: der

Dummling entpuppt sich als weiser König und die 'Gescheiten' gehen leer aus. Was betrachte ich bei mir als dumm, verkenne ich - und wo meine ich, gescheit zu sein?

STICHWORT EMANZIPATION

Nach meiner Erfahrung wirken Märchen emanzipatorisch. Bei Mädchen und Knaben, bei Frauen und Männern, bei jungen und älteren. Aus folgenden Gründen:

- sie stärken das Selbstvertrauen
- geben Impulse für Bewusstwerdungs-Prozesse
- sie sprechen in erster Linie das analogische und nicht das logische Denken an, und dadurch entdeckt der Einzelne wieder Gesamtzusammenhänge - die Ahnungen von einem ganzheitlichen Lebensgefühl werden bestätigt.

DIE TIER-FRAU UND DER TIER-MANN

Auf der ganzen Welt finden wir unzählige Märchen, in denen der Held oder die Heldin der Aufforderung folgt, einen Tierpartner zu heiraten. Meistens findet dadurch die Erlösung statt: das Tier wird Mensch.
Beispiele in der Grimmschen Sammlung: 'Das Eselein' - 'Hans mein Igel' - 'Das singende springende Löweneckerchen' - 'Die drei Federn'. Das französische 'La belle et la bête' und das albanische 'Die Schildkrötenbraut' (auf S.44).

Zum Symbolverständnis

Das Tier im Märchen (auch im Traum) symbolisiert unsere Instinkte, unsere Intuition. Lehnen wir diese Seite in uns ab, bleibt sie unbewusst und eben tierisch. Nehmen wir sie jedoch an - im Märchen durch die Verbindung (Hochzeit) mit dem Tierpartner dargestellt -, wird sie Mensch-lich, bewusst.
Nun müssen aber im Märchen nicht alle Tiere geheiratet werden. Das wäre selbst für das Märchen eine zu schwere Aufgabe! Begegnet der Held auf seinem Weg einem Tier, hat er meistens den Impuls, es zu töten. Das Tier bittet ihn dann um Mitleid, und er lässt es leben. Dadurch wird das Tier ihm dienlich und mit seiner Hilfe werden die schwierigen Aufgaben gelöst (siehe S.55). Es geht also darum, die Instinkte und Intuitionen nicht abzutöten, sondern sie leben zu lassen.

Die Helfer

Die jenseitigen Helfer sind für mich die wunderbarsten und geheimnisvollsten Figuren im Märchen. Sie deuten auf etwas Verborgenes in unserem Leben hin.

Die Helfer sind Ratgeber – Hindeutende – Weg-weisende – Zauberkundige, oder sie geben dem Helden oder der Heldin die nötigen Zauberdinge mit auf den Weg.

Die Helfer zeigen aber auch manchmal ihre dunkle Seite, sie können strafen und verfluchen, wenn man sie nicht ernst nimmt und missachtet. Solches widerfährt den jeweiligen Kontrastbrüdern und -Schwestern der Hauptfigur.

IN WELCHER GESTALT ZEIGEN SICH DIE HELFER?

WEISE ALTE HEXISCHE FRAUEN

Der süsse Brei
Einäuglein, Zweiäuglein, Dreiäuglein
Die Gänsehirtin am Brunnen
Frau Holle
Das Mädchen ohne Hände
Die drei Spinnerinnen
Marienkind
Der Teufel mit den drei
  goldenen Haaren
Der Krautesel
Die zertanzten Schuhe

WEISE ALTE MÄNNER

Der Arme und der Reiche
Das Wasser des Lebens

KLEINE MÄNNCHEN
HÄSSLICHE KNIRPSE

Die Bienenkönigin
Das Wasser des Lebens
Die drei Männlein im Walde
Rumpelstilzchen
Die goldene Gans
Der singende Knochen

Die Helfer

TIERE

Schlange	Die drei Schlangenblätter
Fisch	Vom Fischer und syner Fru
Fuchs	Der goldene Vogel, Das Meerhäschen
Weisse Taube	Die Alte im Walde
Itsche	Die drei Federn. Der Eisenofen
Katze	Der arme Müllersbursche und das Kätzchen

und viele andere Tiere: Ameisen, Enten, Vögel aller Art.

PFLANZEN

Baum   Aschenputtel

GESTIRNE UND ELEMENTE   Die sieben Raben

Das singende springende Löweneckerchen

WANN TAUCHEN SIE AUF?

- wenn die Märchenfigur weint

- nicht mehr weiter weiss

- auf die Suche geht

- Opfer geworden und verzweifelt ist

WANN HELFEN SIE?

- wenn die Märchenfigur auf sie hört

- wenn sie gut zu ihnen ist

- wenn sie fraglos Hilfe annimmt

- wenn sie die Weisungen befolgt

- wenn sie das Geschenk annimmt und im richtigen

  Moment gebraucht und es nicht missbraucht

- wenn sie das Tier am Leben lässt, nicht tötet

WIE ZEIGT SICH DAS?

- sie geben ewige Nahrung

- sie wissen, wo das Wasser des Lebens ist

- sie helfen, Unmögliches zu vollbringen

- sie erfüllen unausgesprochene Wünsche, kennen sie

- sie wissen, wie der Zauber, der Fluch zu lösen ist

ERLÖSUNG
BEFRIEDIGUNG
ERFÜLLUNG
HARMONIE

Helfer

WEISE FRAU
URALTER MANN
SPRECHENDE TIERE
GESTIRNE - ELEMENTE

DIE HELFER VERFÜGEN
ÜBER UNERSCHÖPFLICHE
KRÄFTE - HÖHERES WISSEN
UND KOSMISCHE ENERGIEN

NOT
MANGEL
BEDÜRFNIS
DISHARMONIE

WAS BEDEUTEN HELFER IM ÜBERTRAGENEN SINN?

Die weisen Frauen und Männer, die kleinen Männlein verkörpern ein tiefes
Wissen, welches wir in uns tragen. Ein Wissen um Gesamtzusammenhänge, ein
Wissen um die Natur des Menschen und ihre Gesetze. Sie sind Sinnbild für
jenen Teil in uns, der die Bedürfnisse unserer Seele kennt.
Die Helfer sind unsere inneren Stimmen, unsere Ahnungen. Sie sind ein Bild
dafür, dass das Unbewusste immer mehr weiss als unser Bewusstsein. Das Bewusstsein ist nur die Spitze des Eisberges, die sich an der Oberfläche des
Meeres zeigt. Wenn wir mit dem Unbewussten in Harmonie sind, das heisst,
wenn der Uebergang Bewusstsein-Unbewusstes fliessend ist (vergleiche S.30),
wird uns das tiefe Wissen zugänglich.

Wir sollten uns deshalb mehr von der Intuition leiten lassen. Oft fehlt uns
aber der Mut und das Selbstvertrauen, der inneren Stimme zu gehorchen. Wir
haben Angst davor, ungewohnt zu handeln, bei den Mitmenschen aufzufallen.
Wenn wir der Intuition nicht gefolgt sind, sagen wir später: "Ich habe es
doch gewusst!". Aus solchen Erfahrungen können wir lernen, und es liegt an
uns, das Unerklärliche, die Ahnungen vermehrt in unser Leben einzubeziehen.
Es wird dadurch reicher, lebendiger, harmonischer. Wir haben die Wahl.

KINDER BRAUCHEN HELFER

In den beliebtesten Kleinkinder-Märchen kommen Helferfiguren vor, welche
bedingungslos Rettung oder Erfüllung bringen:

- im 'Rotkäppchen' der Jäger.
- in 'Die sieben Geisslein' die Mutter.
- im 'Der Teufel mit den drei goldenen Haaren' der Müllersbursche, die
  Räuber und des Teufels Grossmutter.
- in 'Die sieben Raben' die Sterne und der Zwerg im Glasberg.
- in 'Die drei Federn' die Itsche.

Ob es nun mehr profane (diesseitige) oder magische (jenseitige) Helfer sind,
ist für das Kind unwichtig, es tut ihm aber wohl zu hören, dass es sie gibt.
Das ist ganz entscheidend, denn das kleine Kind ist auf 'Gedeih und Verderb'
von uns abhängig, ist auf unsere Hilfe angewiesen. Dem Kind fehlen noch die
Lebenserfahrung und die Selbständigkeit, um aus schwierigen Situationen
selbst herauszufinden. Es braucht deshalb immer wieder Trost und Hoffnung.

Die jenseitigen Helfer im Märchen verfügen über kosmisches Wissen und über wunderbare unerschöpfliche Kräfte.

BEDINGUNGSLOS UND UNERSCHÖPFLICH?

Die jenseitigen Helfer sind im materialistischen Sinne bedingungslos, denn sie fordern keine Gegenleistung für sich. Sie bieten an – wie die Mutter Natur.

Doch fordern die Helfer etwas sehr Schwieriges: freiwillig auf sie zu hören und ihren Ratschlägen zu folgen. Handeln die Märchenfiguren - oder wir - nicht nach den Weisungen des Helfers, schwinden die Kräfte zur Ueberwindung des Bösen, oder die Zauberformel, welche die Erlösung bringen würde, verliert ihre Wirkung. Die Erlösung findet nicht statt.

Die erhaltenen Zauberdinge sollen mit Verantwortungsbewusstsein benützt werden, das heisst, nur in der Not und auf die richtige Art und Weise.

Die Märchenfiguren gehorchen ihren Helfern. Tut der Held dies einmal nicht, wie in 'Der goldene Vogel', so wird der Weg erneut beschwerlich. Aber er erfährt auch die Güte des helfenden Fuchses und gelangt dennoch zu grossem Reichtum.

Das Wort Gehorsam ist hier nicht im Sinn der herrschenden Moral zu verstehen. Ge-hor-sam den Weg gehen, horchend auf die leisen weisenden Stimmen.

Wir lesen in der Zeitung, wie sich die Natur rächt, wenn wir uns ihren Gesetzen nicht beugen. Wir sehen, riechen und schmecken die Folgen der Missachtung. Analog zur äusseren verhält sich unsere innere Natur. Auch sie ist unerschöpflich und rächt sich mit Störungen, wenn wir sie vergewaltigen, zu wenig achten. Dazu Hedwig von Beit:

"In den meisten Märchen verlangt allerdings das Magische bedingungslosen Gehorsam, und der Sinn dieser Forderung liegt darin, dass der Mensch seinen Eigenwillen opfern soll, um sich den Forderungen des Selbst zu unterwerfen."

Der Weg

WAS STEHT AM ANFANG DES WEGES?

Am Anfang finden wir meistens eine Familiensituation in der diesseitigen Welt. In den ersten Sätzen vernehmen wir von einem Mangel, einer Not oder einem Wunsch.

Ob im ärmlichen oder im königlichen Haus: es fehlt ein Kind oder die gute Mutter ist gestorben. Es mangelt an Essen, der Nachfolger des Königs soll gefunden werden oder das richtige Mittel zur Heilung, oder es besteht ganz einfach der Wunsch, in die Welt hinauszuziehen.

Der Held oder die Heldin
will oder muss von zu Hause fort.

Im übertragenen Sinn kann das bedeuten:
- die Zeit ist reif, um allein auf den Weg zu gehen
- es ist notwendig, aktiv zu werden und Wege und Mittel zur Linderung der Bedrängnisse zu finden, Hilfe zu suchen
- man wird gezwungen, fühlt sich gedrängt, sich aus der gewohnten Geborgenheit zu lösen.

Wollen wir die Ursache für die Not/den Mangel ergründen, müssen wir das Märchenbild symbolisch verstehen, das heisst, die äussere Handlung in inneres Geschehen 'übersetzen'.

Kein Kind wird geboren: das Leben ist nicht fruchtbar, keine Erneuerung erfolgt, etwas steht still, der Lebensfluss ist blockiert.

Es gibt nichts mehr zu essen: die seelische Nahrung fehlt, sie genügt nicht mehr, ist die falsche Nahrung.

Die gute, die richtige Mutter ist gestorben: Die Geborgenheit, der Schutz, die Wärme sind weg - und in diesem Moment tritt die Stiefmutter an ihre Stelle, ein Bild dafür, dass jetzt Kälte, Neid und Eifersucht da sind.

WAS STEHT AM ENDE DES WEGES?

Nach längeren oder kürzeren Reisen in die jenseitige Welt, durch die Zauberwelt (vergl.S.26) befindet sich die Hauptfigur am Schluss des Märchens wieder
in der diesseitigen Welt. Die Freude nach den überwundenen Schwierigkeiten
ist da: der Mangel ist behoben, das Bedürfnis befriedigt und die Not gelin-
dert. Sehr oft wird dann eine Hochzeit gefeiert (vergl.S.49) und fast immer
eine königliche.

KÖNIG UND KÖNIGIN

Die Tatsache, dass der Held König und die Heldin Königin wird, löst oft
Empörung aus: "Das ist übertrieben, unrealistisch, so reich wird niemand,
das erzähle ich meinem Kind nicht, es erweckt falsche Hoffnungen". Das
trifft zu, wenn wir das Märchen nur rational betrachten. Was kann es auf
der inneren Ebene bedeuten, König oder Königin zu sein?

- ich bin Herr/Herrin über mein Reich, über Bekanntes und Unbekanntes, über
Arm und Reich. Ich fühle mich stark genug, mein Leben selbst zu meistern.
- Ein guter König lässt Milde walten, kann verzeihen, spielt seine Macht
nie aus. Tolerant sein, mir und den Mitmenschen gegenüber.
- wenn ich falsch re(a)giere, einen Fehler mache, gibt es einen Aufstand,
lehnt sich etwas auf - und ich bin aufgerufen, weiser und umsichtiger zu
sein. Würde jeder Mensch seine eigenen Kriege ausfechten, benötigte er
keine Feindbilder - und als Folge davon gäbe es weniger Krieg.
Wie ich das Märchen erlebe, beschreibt es eine Utopie des Friedens.

ZWISCHEN ANFANG UND ENDE LIEGT DER WEG

Weil die Märchenfigur aktiv ist, auf den Weg geht, überwindet sie Hindernisse, sie erlebt Bedrängnis bis zur Todesgefahr, wird unerbittlich verfolgt, übersteht die Krisen.
Die zu bewältigenden Aufgaben sind im Märchen auf vielfältigste Art und Weise
beschrieben - so wie wir ihnen auch im Leben begegnen können. Aus diesem
Grund fühlen wir uns einmal von diesem oder jenem Märchen angesprochen, je
nachdem, wo wir im Leben stehen.

Das Volksmärchen beschreibt einen Weg. Er ist

> ENTWICKLUNG
>
> SCHICKSAL
>
> LEIDEN
>
> HEILUNG
>
> ÖFFNUNG
>
> ERKENNTNIS
>
> BEWUSSTWERDUNG

Im übertragenen Sinn führt der Weg zu sich selbst:

C.G. Jung nennt ihn den Weg zur Individuation, zur Selbstfindung und Selbstwerdung. Er sagt auch, dass sich in den Volksmärchen die 'Anatomie' der Seele spiegelt.

Im Sinne von Rudolf Steiner entspricht der Weg zu sich selbst seinem beschriebenen Initiationsweg.

In einem Vortrag am Jung-Instiut sagt Helmut Barz: "Die Märchenfiguren sind tatsächlich Heldinnen und Helden, denn es ist selten, dass ein Mensch einen solch beschwerlichen Weg auf sich nimmt, wie sie es tun."

. Der Held und die Heldin sind auf ihrem Weg vom Glauben an das Gute getragen.

. Auf ihrem Weg verbinden sie Innen mit Aussen, Vernunft mit Gefühl, Yin mit Yang.

. Sie begegnen dem Partner und gestalten den Weg bis zu vollkommener Harmonie.

. Auf ihrem Weg verbinden sie die Gegensätze.

. Sie entwickeln ihre guten Kräfte, bis das Böse unwirksam und das Verborgene und Verwünschte erlöst wird.

Die Hauptfigur

IM MÄRCHEN

. HAT EIN OFFENES HERZ UND WACHE SINNE

. IST LIEBEND - WERTET NICHT

. HAT VERTRAUEN

. NIMMT DAS FREMDE AN

. IST DEM IRRATIONALEN SO NAH WIE DEM RATIONALEN

. TRENNT NICHT - SIE VERBINDET

. IST IM EINKLANG MIT DER NATUR: SIE VERSTEHT DIE TIERE,
  DIE GESTIRNE, DIE PFLANZEN UND ELEMENTE

. HAT ZUGANG ZU UNERSCHÖPFLICHEN LEBENSQUELLEN

. SPRICHT WENIG - SIE HANDELT

. HANDELT IM HIER UND JETZT

. IST WEDER AN DIE VERGANGENHEIT GEKETTET NOCH AN DIE
  ZUKUNFT GEBUNDEN

. NIMMT NUR SO VIEL, WIE SIE GERADE BRAUCHT

. BEWEGT SICH FREI IN ZEIT UND RAUM,
  JEDOCH GEBUNDEN AN IHREN WEG

... Volk ... so konnte es noch zu meinem ... schlagen. Wölfen und Bären drücke ich die Jungen zusammen. Vor den Erdwürmern kann ich mich nicht schützen." "Sei er still!" sprach er, "zieh wieder ab, ich verspreche dir, daß ich dich und deine Gesellen in Zukunft in Ruhe lassen will, und hast du noch einen Wunsch, so sag's mir, ich will dir wohl was zu gefallen tun." "Du hast lange Beine" sprach der Trommler, "und kommst schneller ... als ich, trag mich zum Glasberge, so will ich den Meinigen ein ... zum ... Zug geben, und sie sollen dich diesmal ...

... "Komm ..., der Riese ..., meine Schul..., tragen ... ... Der Riese ... auf, und der ... oben an ... lugt auf ... Gürteln. Der ... das wird ein ... das andere ... soll. Nach ... und im ... Weg, der nahm ... larten ab ... in sein Kno... ... faßte ... wie eine Tür ... hielt sich ... ganz ... Dann kam ... droben ... aus dem ... ihn auf ... ging oder ... auf und ab ... die Bäume ... als er ... Berg er... ... er: Das ist ...

... und es war es auch. Der Riese tat nun noch ein paar Schritte ... ... an dem Fuß des Berges angelangt, wo ihn der Riese absetzte. ... der Trommler verlangte, er sollte ihn auch auf die Spitze des Glasberges tragen, aber der Riese schüttelte mit dem Kopf, brummte etwas in den Bart und ging in den Wald zurück. Nun stand der arme Trommler vor dem ... so hoch, als wenn drei Berge aufeinander gesetzt wären, und ... so glatt wie ein Spiegel, und wußte keinen Rat, um hinauf zu kommen. Er fing an zu klettern, aber vergeblich, er rutschte immer wieder herab. Wer ... jetzt ein Vogel wäre, dachte er, aber was half das Wünschen, es wuchsen ihm keine Flügel. Indem er so stand und sich nicht zu helfen wußte, erblickte er nicht weit von sich zwei Männer, die heftig miteinander stritten ... auf sie zu und sah, daß sie wegen eines Sattels in ... waren, ... auf der Erde lag und der jeder von ihnen haben wollte. "Was seid ... Narren" sprach er, "zankt euch um einen Sattel und habt kein ...

"AN DIE ERWACHSENEN LESER

IHR SAGT:
"DER UMGANG MIT DEN KINDERN ERMÜDET UNS."
IHR HABT RECHT.
IHR SAGT:
"DENN WIR MÜSSEN ZU IHRER BEGRIFFSWELT HINUNTERSTEIGEN.
HINUNTERSTEIGEN, UNS HERABNEIGEN, BEUGEN, KLEINER MACHEN."
IHR IRRT EUCH.
NICHT DAS ERMÜDET UNS. SONDERN - DASS WIR ZU IHREN GEFÜHLEN
EMPORKLIMMEN MÜSSEN. EMPORKLIMMEN, UNS AUSSTRECKEN, AUF DIE
ZEHENSPITZEN STELLEN, HINLANGEN.
UM NICHT ZU VERLETZEN."

Janusz Korczak, polnischer Arzt, Pädagoge und Schriftsteller.
Er ist im Jahre 1942 mit jüdischen Kindern in Warschau freiwillig in den
Tod gegangen.
Der obige Text ist die Einleitung zu seinem Buch 'Wenn ich wieder klein
bin'. Verlag Vandenhoeck & Ruprecht Göttingen 1973.

erarbeiten

Unsere Vorfahren haben die Märchen in einer Erzählgemeinschaft gehört und erlebt. In der Spinnstube oder an einem Fest. Vielleicht erinnerst Du Dich, wie Dir Deine Mutter oder Deine Grossmutter Märchen erzählt hat. Oder Du hast als Erwachsener einer Märchenerzählerin oder einem Märchenerzähler gelauscht. Dann kennst Du die wache Ruhe, die offenen Augen der Kinder und die geschlossenen der Erwachsenen - das ist ein eindrückliches Erlebnis.

Obwohl wir heute mehr freie Zeit haben, fehlt uns die Musse-Zeit für Erzählstunden in der Gemeinschaft. Wir nehmen ein Buch zur Hand und lesen das Märchen - zwischendurch zur Entspannung - aber der Eindruck bleibt oberflächlicher als beim Zuhören. Aus diesem Grund haben viele Menschen das Bedürfnis, die fehlende Tiefe sozusagen nachzuholen.

In diesem Kapitel gebe ich einige Anregungen zur Erarbeitung eines Volksmärchens:

- als Vorbereitung zum Erzählen
- als Weg zur Vertiefung in seine Botschaften und zur Ergründung seiner Weisheiten.

Die Arbeitsschritte sind n i c h t zur blossen Nachahmung empfohlen, sondern sie sollen Angebot und Anregung sein.

VERLIERT DAS MÄRCHEN NICHT SEINEN ZAUBER WENN WIR UNS INTELLEKTUELL MIT IHM BESCHÄFTIGEN?

Dieser Frage - und damit verbundem einem spürbaren Widerstand gegen eine bewusste Beschäftigung mit dem Märchen - begegne ich häufig. Weshalb erleben manche diesen Widerstand?
Einen Grund dafür sehe ich in der Tatsache, dass die meisten von uns ihre intensivsten Erlebnisse mit Märchen in der Kindheit hatten, und diese, meist

sehr angenehme Erinnerung, mittragen. Da kommt auch die Sehnsucht nach dem Paradies ins Spiel (vergl. S.37). Diese schöne heile Kinderwelt wollen wir nicht ankratzen, sondern bewahren.

Für die Erhaltung dieser 'heilen' Welt wehren sich vor allem jene Frauen, bei denen die Kluft zwischen Intellekt und Gefühl gross ist (Männer besuchen die Kurse selten). Frauen sind bekanntlich gefühlvoller und lassen sich mehr von ihrer Intuition leiten als Männer. In den letzten Jahren der Emanzipation haben - zum Glück - viele Frauen ihre intellektuellen Fähigkeiten entwickelt. Doch oft fällt die Verbindung von Kopf und Herz schwer - wenn sie uns aber gelingt, fühlen wir uns ganz.

Wenn ich davon ausgehe, dass ein Märchen vor allem emotional erfahren wird, erlebe ich bei der Erarbeitung eine Ernüchterung - der Zauber schwindet. Aber ich entdecke auch viele neue Schätze dabei.
Wenn ich ein Märchen analysiere, es in seine Teile zerlege, mich in seine Bilder vertiefe, kann ich die Symbolsprache schrittweise verstehen lernen. Wesentlich ist es, dass ich dann die Synthese wieder herstelle und die Geschichte als Ganzes erfahre.

Wenn wir die Symbolsprache verstehen, haben wir eine Verbindung geschaffen zwischen Intuition und Intellekt, zwischen Eros und Logos - und leben dadurch harmonischer. Auch sind wir der Welt des Kindes nähergekommen, im Sinn von Janusz Korczak (vergl. S.64).

Weil das Märchen bestrebt ist, Gegensätze miteinander zu verbinden, kann seine Botschaft uns helfen, die männlichen und weiblichen Seiten in uns zu vereinigen. Es liegt an uns, dem Verbindenden in unserem Tun vermehrt Ausdruck zu verleihen - und nicht dem Trennenden.

Das folgende Märchen aus der Grimmschen Sammlung soll uns als Beispiel zur Erörterung der Arbeitsschritte dienen.

Ein armer Holzhacker lebte mit seiner Frau und drei Töchtern in einer kleinen Hütte am Rande eines einsamen Waldes. Eines Morgens, als er wieder an seine Arbeit wollte, sagte er zu seiner Frau: "Lass mir mein Mittagsbrot von dem ältesten Mädchen hinaus in den Wald bringen, ich werde sonst nicht fertig. Und damit es sich nicht verirrt," setzte er hinzu, "so will ich einen Beutel mit Hirsen mitnehmen und die Körner auf den Weg streuen". Als nun die Sonne mitten über dem Walde stand, machte sich das Mädchen mit einem Topf voll Suppe auf den Weg. Aber die Feld- und Waldsperlinge, die Lerchen und Finken, Amseln und Zeisige hatten die Linsen schon längst aufgepickt, und das Mädchen konnte die Spur nicht finden. Da ging es auf gut Glück immer fort, bis die Sonne sank und die Nacht hereinbrach. Die Bäume rauschten, und es fing an ihm angst zu werden. Da erblickte es in der Ferne ein Licht, das zwischen den Bäumen blinkte. Dort sollten wohl Leute wohnen, dachte es, die mich über Nacht behalten, und ging auf das Licht zu. Nicht lange, so kam es an ein Haus, dessen Fenster erleuchtet waren. Es klopfte an, und eine rauhe Stimme rief von innen: "Herein". Das Mädchen trat in die dunkle Diele und pochte an die Stubentür. "Nur herein", rief die Stimme, und als es öffnete, sass da ein alter eisgrauer Mann an dem Tisch, hatte das Gesicht auf beide Hände gestützt, und sein weisser Bart floss über den Tisch herab fast bis auf die Erde. Am Ofen aber lagen drei Tiere, ein Hühnchen, ein Hähnchen und eine buntgescheckte Kuh. Das Mädchen erzählte dem Alten sein Schicksal und bat um ein Nachtlager. Der Mann sprach:

"Schön Hühnchen,
schön Hähnchen,
und du, schöne bunte Kuh,
was sagst du dazu?"

"Duks!" antworteten die Tiere; und das musste wohl heissen: "Wir sind es zufrieden", denn der Alte sprach weiter: "Hier ist Hülle und Fülle, geh hinaus an den Herd und koch uns ein Abendessen". Das Mädchen fand in der Küche Ueberfluss an allem und kochte eine gute Speise, aber an die Tiere dachte es nicht. Es trug die volle Schüssel auf den Tisch, setzte sich zu dem grauen Mann, ass und stillte seinen Hunger. Als es satt war, sprach es: "Aber jetzt bin ich müde, wo ist ein Bett, in das ich mich legen und schlafen kann?" Die Tiere antworteten:

"Du hast mit ihm gegessen,
du hast mit ihm getrunken,
du hast an uns gar nicht gedacht,
nun sieh auch, wo du bleibst die Nacht."

Da sprach der Alte: "Steig nur die Treppe hinauf, so wirst du eine Kammer mit zwei Betten finden, schüttle sie auf und decke sie mit weissem Linnen, so will ich auch kommen und mich schlafen legen." Das Mädchen stieg hinauf, und als es die Betten geschüttelt und frisch gedeckt hatte, legte es sich in das eine, ohne weiter auf den Alten zu warten. Nach einiger Zeit aber kam der graue Mann, betrachtete das Mädchen mit dem Licht und schüttelte mit dem Kopf. Und als er sah, dass es fest eingeschlafen war, öffnete er eine Falltüre und liess es in den Keller sinken.

Der Holzhauer kam am späten Abend nach Haus und machte seiner Frau Vorwürfe, dass sie ihn den ganzen Tag habe hungern lassen. "Ich habe keine Schuld", antwortete sie, "das Mädchen ist mit dem Mittagessen hinausgegangen, es muss sich verirrt haben: morgen wird es schon wiederkommen."

Vor Tag aber stand der Holzhacker auf, wollte in den Wald und verlangte, die zweite Tochter sollte ihm diesmal das Essen bringen. "Ich will einen Beutel mit Linsen mitnehmen", sagte er, "die Körner sind grösser als Hirsen, das Mädchen wird sie besser sehen und kann den Weg nicht verfehlen." Zur Mittagszeit trug auch das Mädchen die Speise hinaus, aber die Linsen waren verschwunden: die Waldvögel hatten sie, wie am vorigen Tag, aufgepickt und keine übriggelassen. Das Mädchen irrte im Walde umher, bis es Nacht ward; da kam es ebenfalls zu dem Haus des Alten, ward hereingerufen und bat um Speise und Nachtlager. Der Mann mit dem weissen Bart fragte wieder die Tiere:

> "Schön Hühnchen,
> schön Hähnchen,
> und du, schöne bunte Kuh,
> was sagst du dazu?"

Die Tiere antworteten abermals: "Duks!" und es geschah alles wie am vorigen Tag. Das Mädchen kochte eine gute Speise, ass und trank mit dem Alten und kümmerte sich nicht um die Tiere. Und als es sich nach seinem Nachtlager erkundigte, antworteten sie:

> "Du hast mit ihm gegessen,
> du hast mit ihm getrunken,
> du hast an uns gar nicht gedacht,
> nun sieh auch, wo du bleibst die Nacht."

Als es eingeschlafen war, kam der Alte, betrachtete es mit Kopfschütteln und liess es in den Keller hinab.

Am dritten Morgen sprach der Holzhacker zu seiner Frau: "Schicke mir heute unser jüngstes Kind mit dem Essen hinaus, das wird auf dem rechten Weg bleiben und nicht wie seine Schwestern, die wilden Hummeln, herumschwärmen." Die Mutter wollte nicht und sprach: "Soll ich mein liebstes Kind auch noch verlieren?" – "Sei ohne Sorge" antwortete er, "das Mädchen verirrt sich nicht, es ist zu klug und verständig; zum Ueberfluss will ich Erbsen mitnehmen und ausstreuen, die sind noch grösser als Linsen und werden ihm den Weg zeigen." Aber als das Mädchen mit dem Korb am Arm hinauskam, so hatten die Waldtauben die Erbsen schon im Kropf, und es wusste nicht, wohin es sich wenden sollte. Es war voller Sorgen und dachte beständig daran, wie der arme Vater hungern und die gute Mutter jammern würde, wenn es ausbliebe. Endlich, als es finster ward, erblickte es das Lichtchen und kam an das Waldhaus. Es bat ganz freundlich, sie möchten es über Nacht beherbergen, und der Mann mit dem weissen Bart fragte wieder seine Tiere:

> "Schön Hühnchen,
> schön Hähnchen,
> und du, schöne bunte Kuh,
> was sagst du dazu?"

"Duks!", sagten sie. Da trat das Mädchen an den Ofen, wo die Tiere lagen und liebkoste Hühnchen und Hähnchen, indem es mit der Hand über die glatten Federn hinstrich, und die bunte Kuh kraulte es zwischen den Hörnern. Und als es auf Geheiss des Alten eine gute Suppe bereitet hatte und die Schüssel auf dem Tisch stand, so sprach es: "Soll ich mich sättigen, und die guten Tiere sollen nichts haben? Draussen ist die Hülle und Fülle, erst will ich für sie sorgen".

22

2222

Da ging es, holte Gerste und streute sie dem Hühnchen und Hähnchen vor und brachte der Kuh wohlriechendes Heu, einen ganzen Arm voll. "Lassts euch schmecken, ihr lieben Tiere", sagte es, "und wenn ihr durstig seid, sollt ihr auch einen frischen Trunk haben." Dann trug es einen Eimer voll Wasser herein, und Hühnchen und Hähnchen sprangen auf den Rand, steckten den Schnabel hinein und hielten den Kopf in die Höhe, wie die Vögel trinken, und die bunte Kuh tat auch einen herzhaften Zug. Als die Tiere gefüttert waren, setzte sich das Mädchen zu dem Alten an den Tisch und ass, was er ihm übriggelassen hatte. Nicht lange, so fingen Hühnchen und Hähnchen an, das Köpfchen zwischen die Flügel zu stecken, und die bunte Kuh blinzelte mit den Augen. Da sprach das Mädchen: "Sollen wir und nicht zur Ruhe begeben?

Schön Hühnchen,
schön Hähnchen,
und du, schöne bunte Kuh,
was sagst du dazu?"

Die Tiere antworteten: "Duks,
du hast mit uns gegessen,
du hast mit uns getrunken,
und hast uns alle wohlbedacht,
wir wünschen dir eine gute Nacht."

Da ging das Mädchen die Treppe hinauf, schüttelte die Federkissen und deckte frische Linnen auf, und als es fertig war, kam der Alte und legte sich in das eine Bett, und sein weisser Bart reichte ihm bis an die Füsse. Das Mädchen legte sich in das andere, tat sein Gebet und schlief ein.

Es schlief ruhig bis Mitternacht; da ward es so unruhig in dem Hause, dass das Mädchen erwachte. Da fing es an, in allen Ecken zu knittern und zu knattern, und die Türe sprang auf und schlug an die Wand; die Balken dröhnten, als wenn sie aus ihren Fugen gerissen würden, und es war, als wenn die Treppe herabstürzte, und endlich krachte es, als wenn das ganze Dach zusammenfiele. Da es aber wieder still ward und dem Mädchen nichts zuleid geschah, so blieb es ruhig liegen und schlief wieder ein. Als es aber am Morgen bei hellem Sonnenschein aufwachte, was erblickten seine Augen? Es lag in einem grossen Saal und rings umher glänzte alles in königlicher Pracht: an den Wänden wuchsen auf grünseidenem Grund goldene Blumen in die Höhe, das Bett war von Elfenbein und die Decke darauf von rotem Samt, auf einem Stuhl daneben standen ein Paar mit Perlen bestickte Pantoffeln. Das Mädchen glaubte, es wäre ein Traum, aber es traten drei reich gekleidete Diener herein und fragten, was es zu befehlen hätte. "Geht nur", antwortete das Mädchen, "ich will gleich aufstehen und dem Alten eine Suppe kochen und dann auch schön Hühnchen, schön Hähnchen und die schöne bunte Kuh füttern." Es dachte, der Alte wäre schon aufgestanden, und sah sich nach seinem Bette um, aber er lag nicht darin, sondern ein fremder Mann. Und als es ihn betrachtete und sah, dass er jung und schön war, erwachte er, richtete sich auf und sprach: "Ich bin ein Königssohn und war von einer bösen Hexe verwünscht worden, als ein alter eisgrauer Mann in dem Wald zu leben; niemand durfte um mich sein, als meine drei Diener in der Gestalt eines Hühnchens, eines Hähnchens und einer bunten Kuh. Und nicht eher sollte die Verwünschung aufhören, als bis ein Mädchen zu uns käme, so gut von Herzen, dass es nicht gegen die Menschen allein, sondern auch gegen die Tiere sich liebreich bezeugte, und das bist du gewesen, und heute um Mitternacht sind wir durch dich erlöst und das alte Waldhaus ist wieder in meinen königlichen Palast verwandelt worden."

Und als sie aufgestanden waren, sagte der Königssohn den drei Dienern, sie sollten hinfahren und Vater und Mutter des Mädchens zur Hochzeitsfeier herbeiholen. "Aber wo sind denn meine Schwestern?" fragte das Mädchen. "Die habe ich in den Keller gesperrt, und morgen sollen sie in den Wald geführt werden und sollen bei einem Köhler so lange als Mägde dienen, bis sie sich gebessert haben und auch die armen Tiere nicht hungern lassen."

GLIEDERUNG DES TEXTES

Die Gliederung des Textes ist eine wertvolle Hilfe. Ich grenze dabei die
Bilder des Märchens voneinander ab, setze Akzente, strukturiere - dabei
entsteht auch ein Rhythmus.

Ich erlebe dabei bewusst den Ablauf der Geschichte, und die Unterteilung
in einzelne Szenen kann mir Stichworte für das spätere Erzählen geben.

Vor langer Ziit
irgendwo - irgendwänn
hät en arme Holzhacker gläbt
er hät mit sinere Frau
und sine drü Töchtere
imene chliine Hüttli gwohnt
da Hüttli isch am Rand
vomene einsame Wald gstande.

                Familiensituation

Emol amene Morge
hät de Ma
bevor er a d Arbet isch
zo sinere Frau gseit:
schick am Mittag di Aeltescht
mit em Aesse
zo mer in Wald use
sosch wer i nöd fertig mit de Arbet
und damit sie de Wäg sicher findt
nimm i en Sack Hirse mit
und stroie diä uf de Wäg.

                der Vater bewirkt, dass
                die Aelteste mittags
                hinausgeht

                er streut Hirsen,
                markiert den Weg

Wo dänn d Sonne
zmitts öber em Wald gstande isch
isch di Aeltescht
mit em Suppetopf
uf de Wäg gange
aber alli Vögel vom Wald
händ scho längscht ...

                beim höchsten Sonnenstand
                geht sie auf den Weg
                in den Wald

EINE FLEISSARBEIT, DIE SICH LOHNT

Im Kapitel über die Bildsprache haben wir gehört, dass die Sprache des Märchens sehr einfach ist. Dadurch bekommt das einzelne Wort, vor allem das Nomen, eine grosse Bedeutung. Die Nomen sind die Sinnträger der Geschichte, und es dient der Vertiefung, wenn wir jedes einzelne bewusst wahrnehmen. Ich habe die Erfahrung gemacht, dass dadurch anfänglich von mir nicht beachtete oder nicht als wesentlich empfundene Dinge oder Vorgänge an Inhalt und Bedeutung gewinnen.

Wenn ich jede Figur, alle Gegenstände und Oertlichkeiten imaginiere oder aufzeichne, wird das Märchen lebendig und plastisch.

FIGUREN
Hauptfigur: die Jüngste
andere: Mutter und Vater
          1. und 2. Tochter
          alter eisgrauer Mann
Helfer: keine

TIERE
Hühnchen, Hähnchen, bunte Kuh
Waldvögel

GEGENSTÄNDE
Suppentopf
Ofen
Betten, Federkissen, weisse Leintücher
Licht des Alten
Falltüre, Treppe
Türe, die zuschlägt; Balken, die knarren, Dach

ÖRTLICHKEITEN
Holzhauerhaus am Waldrand
der Weg in den Wald, im Wald
Waldhaus: Treppe, Diele, Herd, Schlafzimmer, Keller
Palast: Schlafzimmer
Köhlerhütte im Wald

<u>NATUR</u> Nᴀᴛᴜʀᴘʀᴏᴅᴜᴋᴛᴇ	Wald Tiere Hirsen, Linsen, Erbsen Gerste und Heu, (Elfenbein)
<u>ELEMENTE</u>	Wasser zum Trinken Feuer beim Köhler
<u>KÖRPER-TEILE</u>	langer weisser Bart bis zu den Füssen Gesicht, in die Hände gestützt er betrachtet ihr Gesicht mit dem Licht
<u>FARBEN</u>	eisgrau, bunt, weiss (golden, grünseiden, roter Samt)
<u>ZEIT</u>	Mittag Nacht - Mitternacht Morgen
<u>ZAHL</u>	3 Töchter, 3 Tage, 3 Nächte 3 Tiere, 3 Diener
<u>SPRÜCHE</u>	Schön Hühnchen, schön Hähnchen, und du, schöne bunte Kuh...
<u>STEIGERUNG</u>	Hirsen - Linsen - Erbsen (Grösse) 1.-2.-3. Tag
<u>BEWEGUNGEN</u>	Weg markieren - umherirren Körner aufpicken hinauf: von der Stube ins Schlafzimmer hinunter: vom Schlafzimmer in den Keller der Sonnenlauf immer weiter gehen...

GEGENÜBERSTELLUNG DER KONTRASTFIGUREN

Dieser Arbeitsschritt bringt Klarheit über die gegensätzlichen Handlungsweisen der Figuren. Es wird deutlicher, wodurch die Figur zur Heldin wird.

DIE JÜNGSTE	1. UND 2. TOCHTER

Gemeinsamkeiten

mittags mit dem Essen in den Wald gehen	
sich verirren	
Licht im Dunkeln sehen	
das Waldhaus finden	
kochen und Bett frisch beziehen	

Beurteilung des Vaters

ist gut und gehorsam	schwirren wie wilde Hummeln umher
verirrt sich nicht	
ist klug und verständig	
bleibt auf dem rechten Weg	

Unterschiede

sorgt sich um Vater und Mutter	denken nicht an sie
berücksichtigt die Tiere	nehmen sie nicht wahr
nimmt Hülle und Fülle wahr	
fragt die Tiere	
wartet auf den Alten und schaut ihn an	warten nicht sehen ihn nicht
erlebt Zittern und Beben, die Erschütterung des Hauses	erleben keine Erschütterung
erlebt Lärm - und Stille	erleben diesen Kontrast nicht
erfährt Verwandlung	keine Verwandlung, sondern Versenkung
sonniges Erwachen	kein Erwachen(?) im Keller
königliche Hochzeit	Arbeit beim Köhler

GEGENSÄTZE - POLARITÄTEN

markierter Weg	unbekannter Weg
arm	reich
Mittag	Mitternacht
hell	dunkel
Waldhütte	Palast
Schlafzimmer	Keller
Lärm	Stille
Hühnchen, Hähnchen, Kuh	königliche Diener
alter, eisgrauer Mann	junger, schöner Königssohn
Königsschloss	Köhlerhütte

Und der Gegensatz, der die Handlung trägt, wird vereint, weil eine Wandlung stattgefunden hat:

die jüngste Tochter und der alte Mann.

DIESSEITS - JENSEITS

Das Waldhaus ist jenseitig. Bei der Erlösung wandelt es sich und mit ihm alles, was drin ist.

Das Haus und der Königssohn waren von einer Hexe verzaubert worden, weshalb, sagt das Märchen nicht. – Haben wir nicht auch schon etwas tief in den Wald verflucht?

DAS BÖSE - DAS FREMDE - DAS ZU ERLÖSENDE

- das verhexte Waldhaus, der alte Mann (verzauberter Königssohn)
- das Dunkel der Nacht
- die Verirrung im Wald
- die Erschütterung um Mitternacht

DER WEG

| Am Anfang | Eltern und drei Töchter |
| Mangel, Not | arme Leute |

Prüfungen	verirrt sich im Wald
	gerät ins Dunkle
	Erschütterung erleben

| Nichtformulierte Aufgabe | Tiere beachten, d.h. die Beziehung zwischen ihnen und dem Alten wahrnehmen und selbst eine herstellen. Auf den alten Mann warten. |

| wie gelöst | mit ihrer liebenden, wahrnehmenden und dadurch rücksichtsvollen Haltung. |

| Am Schluss | eine Hochzeit findet statt, ein neues Zuhause und eine neue Familie werden gegründet. Das Mädchen ist Königin geworden und der alte eisgraue Mann ist wieder ein junger König. |

IMAGINATION UND INTERPRETATION

Die wesentliche Phase der Vorbereitung ist die Imagination. Wenn ich mir von allen Figuren, Gegenständen, Oertlichkeiten und Handlungen ein Bild mache und sie auch emotional erlebe, verinnerliche ich das Märchen und es wird lebendig. An dieser Stelle möchte ich nochmals betonen, dass die Bilder aus meinem individuellen Erfahrungsschatz auftauchen. Somit sind sie stimmig und richtig, denn es sind die Bilder meiner Seele.

Durch das bildliche und gefühlsmässige Ein-lassen eines Märchens und mit meinen Gedanken darüber gelange ich zu einer ganz persönlichen Interpretation. Nimm diese Interpretation genauso ernst wie eine Deutung von Märchen-Kennern. Ganz allgemein haben wir die Tendenz, dem Gedruckten und dem Wissen von Fachleuten mehr Gewicht zu geben als unseren eigenen Gedanken. In bezug auf die Symbolsprache ist das besonders bedauerlich, denn jeder Mensch kann sein Verständnis dafür weiterentwicklen. Wenn wir uns darum bemühen, wird das Märchen und das Leben tiefer und reicher.

ÜBERSETZUNGSHILFEN
ZUM VERSTÄNDNIS DER SYMBOLSPRACHE

- Da im Märchen inneres Geschehen in Handlung ausgedrückt wird, überlege ich mir bei jedem Vorgang, der mir unverständlich, unlogisch erscheint: welchem inneren Erlebnis kann diese Handlung entsprechen? Das regt mein analoges Denken an, und ich bin auf dem Weg zur Innenwelt.

- Zeichne, male oder dramatisiere das Märchen.

- Betrachte das Märchengeschehen immer auf verschiedenen Ebenen – der objektiven und subjektiven, der makro- und mikrokosmischen. Dadurch werden Tiefen ergründet und Höhen erahnt, Ge-Schichten werden sichtbar, aufgedeckt, entdeckt.

- Beobachten und Bewusstwerden von Naturvorgängen.
  Ein Beispiel: die Baumnuss (Walnuss). Ich kann sie als Frucht wahrnehmen, wie sie aussieht, wie sie sich anfühlt, wie sie riecht, wie sie schmeckt. Zusätzlich zu dieser sinnlichen Wahrnehmnung kann ich mir Gedanken machen: in dieser kleinen Nuss sind alle Anlagen enthalten, damit daraus ein grosser Baum wachsen kann. Dieser Baum wird Früchte hervorbringen, und aus den Nüssen wird es wieder Bäume geben... Das gibt mir ein Empfinden vom ewigen Fluss des Lebens, vom Sterben und Werden.

Es gibt mir ein Bild davon, was ein Kern Wunderbares enhält – das ist zum Staunen! Wenn in einem Märchen das Mädchen eine Nuss öffnet – die sie meistens von einem jenseitigen Helfer erhalten hat – und daraus ein Mond-, Sonnen- oder Sternenkleid nimmt, kann ich den Sinn verstehen: sie hat ihren inneren Kern geöffnet, und ihre bisher verborgenen Möglichkeiten entfalten sich. Es ist offensichtlich, dass ein solches Bild nur symbolisch verstanden werden kann. Dann ist es wahr.

Auf diese Weise kann ich Tiere, Pflanzen, den Lauf der Gestirne und das Wesen der Elemente beobachten und in mir wirken lassen. Dabei begegne ich immer wieder den Gegensätzen des Lebens: das Feuer gibt warm und ist hell, ist ein Segen für die Menschheit, aber das Feuer ist auch zerstörerisch, es verbrennt etwas. Das Licht der Sonne ermöglicht den Pflanzen das Wachstum, ihre Hitze kann sie auch austrocknen.

Wenn ich ganz besinnlich und ohne zu werten den Kindern beim Spielen zuschaue, erfahre ich auch Wesentliches. Weil Kinder den ursprünglichen Vorgängen, der Natur noch näher sind als wir, eröffnen sie uns Welten.

Ich weiss, dass solche Betrachtungen viel Zeit in Anspruch nehmen. Wenn ich die Dringlichkeit der Sachzwänge und jene meiner inneren Bedürfnisse abwäge, finde ich vielleicht doch Zeit dazu. Wir sollten jedenfalls versuchen, solchen besinnlichen Momenten im Alltag mehr Raum zu geben. Sie wirken Wunder.

- Bekanntlich gibt es eine ganze Reihe von <u>Symbollexika</u>, gute und schlechte. Da ich selbst keines besitze, kann ich keines empfehlen. Sie sind jedenfalls mit Vorsicht zu benützen, denn ein Symbol sollte immer im jeweiligen Zusammenhang betrachtet werden - so gesehen ist es nicht eindeutig.

Anregend zum Symbolverständnis sind:
- das 'Handwörterbuch des deutschen Aberglaubens', zu finden in grösseren Bibliotheken, z.B. in Winterthur.
- 'Brehms Tierleben', darin erfahre ich viel über Wesen, Eigenschaften und Verhalten der Tiere.Die neueren naturwissenschaftlichen Bücher sind meist zu einseitig. Dasselbe gilt für die Pflanzenkunde.
- Im chinesischen 'I Ging', dem Tarot, in der Astrologie oder der Alchemie finden wir Parallelen - wie auch in anderen Weisheitslehren.
- dann gibt es immer mehr Literatur über Märchen und Symbolik (siehe S.127) Beim Lesen von Interpretationen ist immer zu beachten, dass es nie <u>die</u> richtige gibt, dass jede subjektiv und deshalb natürlicherweise 'beschränkt' ist.
  Verena Kast sagte in einem Vortrag: "Wir deuten, um zu verdeutlichen, um <u>hin-zu-deuten</u>".

In diesem Sinn sollen auch die 'Gedanken zum Waldhaus' verstanden werden. Sie sind aus meinen eigenen und aus Gedanken von Kursteilnehmerinnen zusammengewirkt.

GEDANKEN ZUM WALDHAUS

WAS TUT DER VATER?

Er will, dass seine Töchter ihm Nahrung in den Wald hinausbringen - als
kräftiger Holzhacker könnte er den Proviant selber tragen. Dazu markiert
er den Weg mit Hirsen, Linsen und Erbsen, welche aus seinem wahrscheinlich
ärmlichen Vorrat stammen. Als Holzhacker kennt er die Waldtiere und weiss,
dass die Vögel alle Körner aufpicken werden. Erleichtert er mit diesem
Vorgehen seinen Töchtern das Fortgehen von zu Hause, gibt er ihnen dadurch
Vertrauen mit auf den Weg? Weiss er, dass die Zeit reif ist und seine Kinder nun ihr Licht - ihren Lebenssinn - selber finden müssen? Allein und
im Dunkeln? Beruhigt er damit auch seine Frau, die ihr letztes und liebstes Kind nicht loslassen will?
Die Mädchen gehen beim höchsten Stand der Sonne hinaus, ein Bild für klares
Bewusstsein - oder es ist eben höchste Zeit.
Hätten die Mädchen zu ihrem Vater gefunden, sässen alle wieder zu Hause.
Es wäre kein Weg zur Unabhängigkeit von den Eltern geworden.
Die Hirsen, Linsen und Erbsen, vorerst leibliche Nahrung der Familie, sind
nicht verloren. Sie gehen im Kreislauf weiter, ernähren die Vögel. Vögel
als Bild für freie Gedanken, dunkle und helle Phantasien, geistige Leben-
digkeit. Die Energie wird auf eine andere Ebene transformiert. Wird damit
die Erlösung des eisgrauen, fast erstarrten Männlichen vorbereitet? Die
Wandlung in eine strahlende Geistigkeit?
Ist es also ein guter, wissender Vater?

WESHALB WIRD DIE JÜNGSTE KÖNIGIN?

Auf den ersten Blick heisst die Moral der Geschichte: Du musst auch die
Tiere ernähren, dann wirst du Königin. Gut. Nun sind es aber die vielen
Feinheiten, welche die Jüngste zur Heldin machen. Das Märchen erzählt von
zarter Menschlichkeit, nicht bloss vom Füttern der Tiere.

Was unterscheidet die Jüngste von ihren Schwestern? Vergleiche dazu S.74.

. Der Alte fragt die Tiere, ob das Mädchen bleiben darf. Also besteht eine
enge Beziehung zwischen ihm und den Tieren. Diese Beziehung nimmt die Jüng-

ste wahr, sie bedankt sich bei ihnen, indem sie diese streichelt und krault.
. Nach dem Essen fragt sie die Tiere mit denselben Worten - in derselben Sprache - die sie gehört hat.
. Sie geht ohne Anweisungen ins Zimmer hinauf, richtet die Betten und erwartet den Alten. Sie sieht ihn im Bett liegen, sieht den langen Bart.

Kurz vor Mitternacht, wenn der alte Tag zu Ende geht, erwacht sie an einer Erschütterung. Es kracht, bebt, zittert, die Türe springt auf, das Dach droht einzustürzen.

Kennen wir nicht auch solche Momente? Wir sind zutiefst erschüttert, alles droht über uns einzustürzen, ist in Frage gestellt, und wir glauben, dem Untergang nahe zu sein?

Dann kommt die Stille, eine ungeheuer grosse Stille. Das Mädchen hat es geschehen lassen, vertrauensvoll schläft es wieder ein.

Am nächsten Morgen erwacht sie: die Sonne scheint und vergoldet alles. Der Raum ist gross und licht - alles sieht anders aus, ist wie verwandelt. Ist verwandelt. Zuerst meint sie noch zu träumen, möchte den gewohnten Dingen nachgehen: dem Alten eine Suppe kochen, die Tiere füttern. Sie kann nicht glauben, dass sie jetzt bedient wird.

Sie schaut zum Bett des Alten und sieht ihn nicht mehr. An seinem Platz liegt ein schöner Königssohn.

Weshalb eine solche Wandlung? Wenn wir alle Figuren als Teile einer Persönlichkeit ansehen, könnte das bedeuten, dass das Mädchen die Beziehung zu ihrem natürlichen Instinkt (symbolisiert durch die Tiere) aufgenommen hat. Hat sie eine Verbindung geschaffen zwischen Geist und Trieb/Instinkt? Sie hat das verhexte Männliche befreit, sie liebt.

Ohne Hingabe und Anteilnahme, ohne Erschütterung und Betroffenheit wäre alles beim alten geblieben - und der Bart würde wohl noch länger...

Kleine Kinder lieben dieses Märchen sehr, und sie erleben es ganz anders!
Ein kurzer Bericht dazu auf Seite 116.

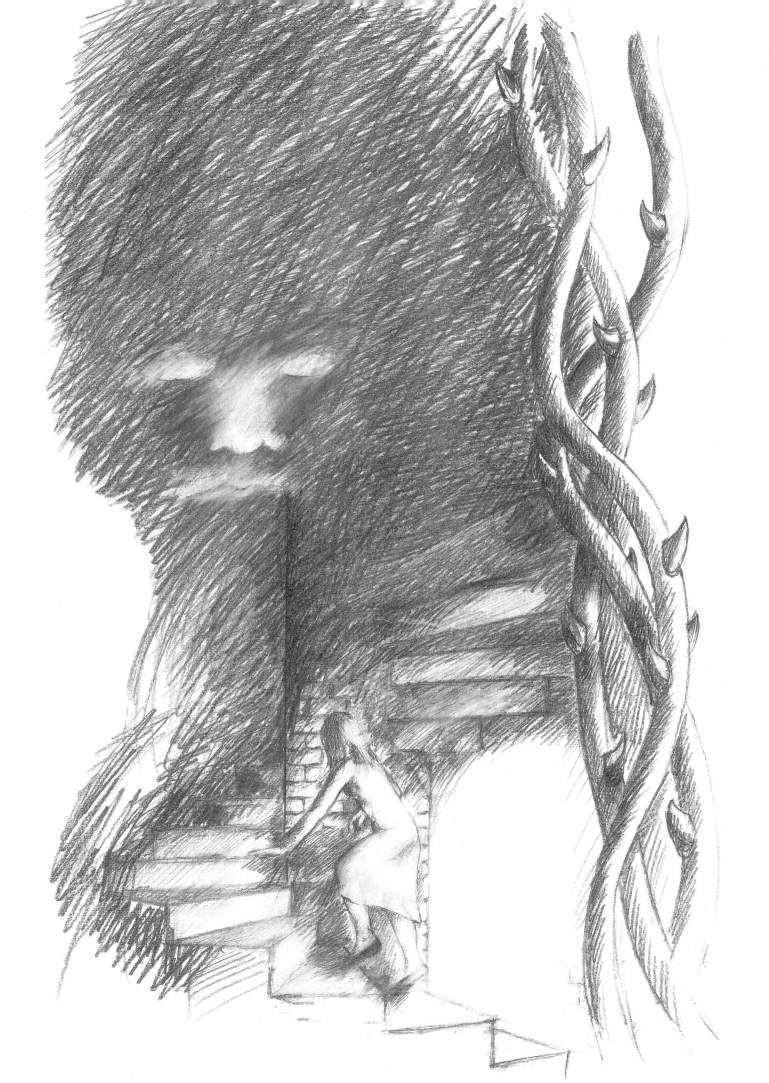

erzählen

Die 'echten' Märchenerzähler sind bei uns nur noch selten anzutreffen.
Unser schnelles und lautes Leben bietet kaum Raum für ein geruhsames
Beisammensein, um einem Märchenerzähler zu lauschen. Denn dann hinterlässt
das Märchen einen tiefen Eindruck, und wir können es eher weitererzählen,
als wenn wir es nur lesen. Wer dennoch gerne Geschichten erzählt, erfindet
sie selbst - und wie ich immer wieder höre, tun dies vor allem die Väter.
Wenn uns der Mut zum freien Erzählen fehlt, greifen wir zum Buch. Und es
ist ein Glück, dass uns Volksmärchen aus aller Welt in vielen Sammlungen
zur Verfügung stehen.

Wenn mich jemand um Erzähl-Regeln bittet, möchte ich am liebsten zur Antwort geben: "Suche Deinen eigenen Weg". Beim Erzählen geht es mir ähnlich
wie beim Kochen: tue ich es mit Liebe und Freude, so wird es gut. Auch
ohne Rezept 'weiss' ich, wieviel es von diesem oder jenem braucht oder wie
lange etwas kochen muss. Ich weiss das aus Erfahrung.
Für das Kochen lernen wir die Grundregeln im Elternhaus. Vorläufig noch,
denn die Mikrowellenöfen werden den Kindern auch diese Erfahrung rauben.
Für das Märchenerzählen fehlen uns die Vorbilder, denn erzählt wird meist
nur, wenn wir klein sind und alles unbewusst erleben. So fällt es uns schwer,
auf eigene Erfahrungen zurückzugreifen - und deshalb gibt es neuerdings
Regeln für die Erzählkunst. Selbstverständlich gibt es dazu sehr verschiedene Auffassungen. Ich erwähne in diesem Kapitel übernommene und hausgemachte
Regeln, wobei ich weiss, dass meine Kost nicht allen schmeckt. Sie ist mittel-
europäisch und für die hungernden Seelen unserer Gesellschaft gedacht.

ART UND WEISE DES ERZÄHLENS

Jeder Mensch hat ein anderes Temperament, und so ist auch die Erzählweise sehr unterschiedlich. Ich vertrete - mit einigen anderen Märchenerzählern und Erzählerinnen - die Meinung, dass wir uns bemühen sollten, ein echtes Volksmärchen sachlich zu erzählen. Ich weiss, das hört sich so gar nicht märchenhaft an. Aber es gibt einige gute Gründe, die für die sachliche Erzählweise sprechen:

- Mit Gestik, Mimik und Stimmveränderung vermittle ich dem Zuhörer meine persönliche Interpretation. Dabei nehme ich ihm Raum und Möglichkeit, seine eigenen Schwerpunkte zu setzen - ich bin also ein kleiner Dieb.

- Mit dem Dramatisieren setze ich meine Person in den Vordergrund, anstatt dem Märchen den Vorrang zu lassen. Beim Erzählen biete ich an, bin Sprachrohr des Märchens, denn es ist viel weiser als ich!

- Mit ruhigem und souveränem Erzählen vermittle ich dem kleinen Kind auch jene Sicherheit, die es braucht, um ganz in das Märchen eintauchen zu können. Ich sollte gefasst sein, wenn das Kind einmal weint, weil es mit der Heldin mitleidet oder wenn es Angst hat - das erlösende Ende wird kommen und Erleichterung bringen.

- Eine verstellte Stimme, vor allem diejenige der Mutter, kann das Kind ängstigen, weil sie ihm fremd und unvertraut ist. Das Kind sagt dann: "Aber gell Mami, du erzählst nicht mehr mit der komischen Stimme, das mag ich nicht."

"Das Märchen überzeugt nur dann, wenn der Erzähler von der Wahrheit der Geschehnisse durchdrungen ist. Also muss er sich damit beschäftigen. Tut er nur als ob oder ist gar nicht dabei, kann er nicht überzeugen, verfällt ins Rührselige oder Pathetische.
Sentimentale Verniedlichung und bombastische Aufdonnerung zerstören das Märchen. Und jede günstige Gelegenheit, den Humor herausfunkeln zu lassen, sollte aufgegriffen werden."
Rudolf Geiger in "Märchenkunde".

MÄRCHENSTUNDE

Bei Kindern beliebt und geheimnisvoll ist ein bestimmtes Erzähl-Ritual:
eine brennende Kerze, ein bestimmter Ort, eine bestimmte Tages- oder Wo-
chenzeit. Ein Ritual wirkt beruhigend, gibt Sicherheit, und die Kinder
können sich auf das Märchen freuen.

IN DER FAMILIE

Ein besonderes Erlebnis ist es, wenn alle dabei sind, auch der Vater.
Vielleicht ist er auch der Erzähler. Das klingt so nach heiler Familie,
aber vielleicht kann ein solches Ritual-Angebot eine Gemeinschaftlichkeit
bewirken, die wir schon lange vermissen.
Die ganz kleinen Kinder schlafen vielleicht dabei ein, oder sie geniessen
einfach die besondere Atmosphäre. Mit älteren, pubertierenden Kindern können wir danach auch Gedanken darüber austauschen.

AM KRANKENBETT

Am Krankenbett erzählt, können Märchen eine beruhigende oder belebende
und daher heilende Wirkung haben. Früher wurden die Märchen häufig - und
werden sicher heute noch in einigen Völkergruppen - zur Heilung von Krank-
heiten erzählt und zur Meditation empfohlen. Deshalb wird es heute immer
mehr in der Psychotherapie angewendet.

WENN DAS KIND FRAGEN STELLT

kann das verschiedene Gründe haben:
- vielleicht hat es einen Begriff nicht verstanden. Dann versuche ich, ihn
  dem Kind gemäss zu erklären (siehe S.88).

- oder das Kind ist bei einem Bild 'hängengeblieben' und hat deshalb den
  weiteren Verlauf der Geschichte nicht gehört. Dann erzähle ich die Geschichte noch einmal.

- das Kind denkt schon sehr rational, hat Mühe, den Zugang zur Märchenwelt
  zu finden, weil seine Phantasie wenig entwickelt oder zugeschüttet ist.

Reaktionen auf die Fragen des Kindes:

- die beste Antwort ist keine Antwort. Auf Fragen wie "Wieviel Augen hat
  die Mutter gehabt?" oder "Weshalb hat sie das getan?" reagiere ich mit
  der Gegenfrage:"Was meinst Du?". Und wenn es weiterfragt:"Das ist in der
  Märchenwelt so" oder "Ich weiss es nicht". Ich verweise also auf die Märchenwelt und auf die Phantasie des Kindes. Das erhält den Zauber und das
  Geheimnis, gibt Raum für Gefühle und eigene Gedanken. Und über die Antworten des Kindes kann ich nur staunen.

- wenn ich dem Kind meine Interpretation gebe, die in der Regel auch rational ist, nehme ich ihm die Möglichkeit, sich darüber eigene Gedanken zu
  machen - schränke sie jedenfalls ein. Im schlimmsten Fall nehme ich ihm
  den Mut, sich überhaupt eigene Gedanken zu machen.

Bekanntlich wollen kleine Kinder ein Märchen über Wochen und Monate immer
wieder erzählt bekommen. Es ist sinnvoll, auf dieses Bedürfnis einzugehen,
denn ich darf annehmen, dass das Kind unbewusst ein noch nicht formulier-
bares Problem verarbeitet. Das Märchen kann ihm dabei helfen und gibt ihm
Sicherheit.

WAHL DES MÄRCHENS

- Voraussetzung zum Erzählen ist meine eigene Freude am Märchen.

- wenn Essen, Trinken und Schlafen im Vordergrund der Handlung sind, ist
  es dem Erleben des Kleinkindes sicher nahe.

- wenn die Hauptfigur ein Kind ist, kann es den Zugang eher finden.

- mehrteilige, lange Zaubermärchen eignen sich erst für ältere oder
  märchengewohnte Kinder.

- Märchen sollen nicht in Fortsetzungen erzählt werden. Das Kind möchte
  vom guten Ende hören, nur so löst sich die oft grosse Spannung.

- wenn ich ein Märchen in der entsprechenden Jahreszeit erzähle, also das
  'Rotkäppchen' im Frühling, wenn die ersten Blumen blühen, kann sich das
  Kind besser einfühlen.

- wenn ich ein Kind trösten möchte, wähle ich ein Geschwister-Märchen oder
  eines mit einer Helferfigur (vergl. S.54).

DAS MÄRCHEN REGT DIE PHANTASIE AN

Dass es das tut, ist unumstritten. Weshalb es das tut, solltest Du, liebe Leserin, lieber Leser, diesem Buch entnehmen können. Ich möchte hier noch auf eine Frage eingehen.

Oft höre ich die Klage und Frage von Müttern: "Mein Kind hat sowieso schon zuviel Phantasie, sollte ich ihm dann nicht besser realistische Geschichten erzählen, und nicht noch Märchen?"

Sehr wahrscheinlich stammt ein solcher Satz von einer Mutter, welche die Tendenz hat, dem Kind das Weltgeschehen allzu konkret zu schildern. Sie erklärt ihm, wie der Wald stirbt, dass das Wasser vergiftet und die Luft verschmutzt ist und wir dadurch krank werden. Vielleicht vergisst sie dabei, dem Kind die schönen und guten Seiten des Lebens zu zeigen. Was also bleibt dem Kind anderes übrig, wenn es keine Hoffnung in die Zukunft haben kann, als in eine andere, hellere Welt zu reisen? Es flüchtet dorthin vor den unverdaubaren Antworten der Mutter. Es ist Opfer und findet Trost in der Phantasiewelt. Das Kind hat also nicht zuviel Phantasie - nein - zum Glück hat es diese! Aber dem Kind fehlt etwas: das Vertrauen in die Welt, Geborgenheit, Gewissheit und Hoffnung.

Eine schöpferische Phantasie entwickelt sich, wenn wir sie natürlich gedeihen lassen. Wenn wir dem Kind entsprechende geistige und seelische Nahrung geben, die es bildet und nicht bloss informiert.

Eine natürlich gewachsene Phantasie ist im wahrsten Sinn des Wortes lebens-not-wendig. Sie ermöglicht uns, die Not zu wenden, weil wir zu einem Problem, welches sich uns stellt, verschiedene Lösungsmöglichkeiten durchdenken können. Wir können damit die Folgen des Waldsterbens oder die Ausbreitung von Aids weiterdenken, und die Wirkungen unseres Handelns abwägen. Eine freie Phantasie bleibt nicht in der Destruktivität stecken, sondern sucht nach Möglichkeiten der Veränderung - sucht nach Wegen zum Handeln.

Nur eine verdrängte Phantasie, die nicht gelebt sein darf, geht ihre eigenen dunklen Wege, Irrwege, sie wird destruktiv und kann zu Grössenwahn und All-Machts-Phantasien führen.

VORBEREITUNGEN ZUM ERZÄHLEN
INSBESONDERE FÜR KINDERGARTEN UND UNTERSTUFE

Ein Märchen kann mich und die Kinder einige Wochen lang begleiten. Wenn ich mich in das Märchen vertiefe - zum Beispiel in der Art und Weise, wie ich es im Kapitel 'erarbeiten' beschreibe - kann mir seine Fülle unzählige Impulse zur Gestaltung des Unterrichts geben. Dazu empfehle ich die Lektüre von 'Märchen als Schlüssel zur Welt' von Felicitas Betz.

Wenn ich den Zugang zu einem Märchen gefunden habe und entschlossen bin, es den Kindern zu erzählen, frage ich mich folgendes:
- kennt mein Zuhörer-Kind alle wichtigen Begriffe, welche vorkommen?
- wenn nicht, überlege ich, wie ich dem Kind dazu ein inneres und/oder äusseres Erlebnis vermitteln kann.
- auch zu schon vertrauten Gegenständen und Oertlichkeiten kann ich neue Erfahrungen anbieten, was besonders für Kinder mit verminderten intellektuellen Fähigkeiten wertvoll ist.

Es ist sinnvoll, die Begriffe nach dem Kriterium diesseitig und jenseitig zu ordnen, also Sinneswelt und Phantasiewelt zu unterscheiden. Weshalb diese Unterscheidung wichtig sein kann, erläutere ich in den nächsten zwei Abschnitten.

WIE SIEHT EINE SPINDEL AUS?

Das kleine oder intellektuell schwache Kind kann sich nur eine Vorstellung von einem Begriff machen, wenn damit ein intensives Erlebnis verbunden ist. Deshalb ist es ganz wichtig, dass ich bei jeder Vermittlung und Er-Klärung eines neuen Begriffs selbst von meinem Glauben daran durchdrungen bin. Erkläre ich schnell etwas, so bleibt es Phrase, das Kind ist irritiert und misst dem Gehörten oder Gesehenen wenig Bedeutung zu.

Zur obigen Frage: eine Spindel, ein Spinnrad kann ich in die Schule bringen. Die Kinder können sie berühren und selber spinnen. Das ist ein intensives Erlebnis.
Schwieriger ist es, wenn ich den Kindern einen Ziehbrunnen zeigen möchte und keiner in der Nähe ist. Dann kann ich mir etwas einfallen lassen. Ich

gehe mit den Kindern am See oder Bach Wasser schöpfen. Oder ich kann die Kinder fragen: wer von euch hat schon einen Ziehbrunnen gesehen? Wenn dann ein Kind von seinen eindrücklichen Erlebnissen erzählt, wird das von den andern wahrscheinlich besser verstanden als meine Beschreibung.

- weniger günstig sind Zeichnungen an der Wandtafel, weil das Kind nicht an einem konkreten Geschehen mit dem 'Begriff' teilhaben kann. Eine Zeichnung ist schon eine starke Abstrahierung.
- ungeeignet sind Fotografien, weil sie ein einseitig fixiertes Bild wiedergeben und zu abstrakt sind.
- ganz falsch ist jedenfalls die totale Information! Sie verwirrt das Kind und den geistig Behinderten.

WIE SIEHT DIE HEXE - ODER DER GLASBERG AUS?

Wer hat sie jemals gesehen? Niemand.
Und doch hat fast jeder Mensch ein Bild davon. Jeder hat sein eigenes, und das kann sich wandeln. Deshalb gibt es keine Wertung - es gibt kein Richtig oder Falsch, sondern ein Sowohl-als-Auch.

Und wir erwachsenen Besserwisser sollten uns davor hüten, dem Kind unser eigenes Bild aufzudrängen, denn es ist nicht besser oder richtiger als dasjenige des Kindes oder des geistig Behinderten.

Fragen wir die Kinder: "Wie sieht eine Hexe aus?" fallen die Antworten derart vielfältig aus, dass wir über ihre Phantasie und Eigenwilligkeit nur staunen können. Das bereichert mich.
Fragt das Kind nach meiner Vorstellung, kann ich die Hexe ja auch malen oder beschreiben - aber nicht als autoritäre Wahrheit an die Wandtafel zeichnen!

DIE PÄDAGOGISCHE AUFGABE WAHRNEHMEN

Unsere Aufgabe als Erzieher ist es, das Kind in seiner Entwicklung zu unterstützen, seine Phantasie zu bilden und zu bewahren und sein Selbstwertgefühl zu stärken.

Wenn nun ein Kind die Hexe, die Wassernixe oder den Glasberg zeichnet, sollte ich die Zeichnung als seinen persönlichen Ausdruck ernst nehmen und

nicht korrigieren!

Mit einer solchen Haltung

- bestätige ich die Phantasie des Kindes

- stärke ich sein Selbstwertgefühl

- werte ich nicht

- trage ich dadurch die Idee der Toleranz in die Gruppe

- nehme ich das Kind in seinem Kind-Sein ernst.

MÄRCHEN FÜR GEISTIG BEHINDERTE

"Was aber so intellektuell erfahren und festgestellt wird, ist immer nur ein oberflächlicher Teil der Wirklichkeit. Die Fähigkeit des reinen Empfindens, der Imagination und der Divination ist weitgehend verlorengegangen, das heisst, die Herz- und Gemütskräfte verkümmern immer mehr." Arthur Schult in "Mysterienweisheiten im deutschen Volksmärchen".

Geistig behinderte Menschen haben bekanntlich ein sehr ausgeprägtes Gefühlsleben. Dieser Fähigkeit und jener der verminderten intellektuellen Begabung kommt das Märchen entgegen. Denn das Märchen fordert vom Zuhörer keine kombinatorischen Leistungen, es setzt keine Kenntnisse über Raum und Zeit voraus. Auch nur ein einzelnes symbolisches Bild kann Befriedigung bringen und Anregung sein.

Die Erzählsituation ist ähnlich wie in der Familie. Kinder und Erwachsene mit sehr geringem Sprachverständnis geniessen die Stimmung und das Ritual der Märchenstunde, die Melodie und den Rhythmus der Geschichte, und das aufmerksame Zuhören der schulbildungsfähigen Kinder lässt sie Besonderes ahnen. Deshalb ist es gut, wenn sich zwei Klassen von verschiedenen Stufen für die Erzählstunde zusammenfinden.

Beim Erzählen im Sonderschulheim habe ich erlebt, dass die eretischen Kinder sich mit der Zeit beruhigen - oder ein autistisches Kind wendet mir plötzlich sein Gesicht zu und schaut mich an.
Ich bin überzeugt, dass Märchen für autistische Kinder eine heilende Wirkung haben. Im Volksmärchen gibt es die Diesseits- und Jenseitswelt (innen-aussen),

und die Hauptfigur, mit der sich das Kind meistens identifiziert, verbindet diese zwei Welten mit grosser Leichtigkeit. Die Helden und Heldinnen kennen keine Trennung. Das autistische Kind erlebt beim Zuhören, wie der Austausch innen-aussen, fremd-vertraut fliessen kann - und zur Erlösung führt. So könnte ein immer wieder erzähltes, sorgfältig ausgewähltes Märchen vielleicht die verkapselte, oft sehr reiche, Innenwelt des Kindes öffnen helfen. Vielleicht dauert es ein Jahr, bis eine Wandlung geschieht.

MÄRCHEN FÜR JUGENDLICHE

In den Märchen finden wir einen unerschöpflichen Reichtum von Bildern, die den Empfindungen und Schwierigkeiten im Pubertätsalter entsprechen, weil sie Wege zur Reifung und Selbstfindung zeigen:

- Dummling sein, sich verkannt fühlen
- überfordert werden (z.B. in 'Rumpelstilzchen')
- sich im Dunkeln verirren (viele)
- vom Vater begehrt werden ('Allerleirauh')
- allein auf dem Weg sein (die meisten Märchen)
- die Haut abwerfen, sein wahres Wesen zeigen ('Das Eselein', 'Allerleirauh', 'Hans mein Igel', 'Die Schildkrötenbraut' und viele andere)
- gestochen werden oder sticheln ('Dornröschen', 'Hans mein Igel')

Ein Märchen kann uns als Ausgangspunkt für ein Gespräch oder ein Rollenspiel dienen. Weil das Märchen nicht von einer individuellen Person erzählt, kann es jeden betroffen machen und zum Denken und Fühlen anregen. So angeregt, können Jugendliche das Geschehen aktualisieren, eigene Dialoge erarbeiten, eigene Lösungswege finden.

> *Märchen sind Lebenshilfe, weil sie*
> *von allgemein menschlichen Problemen*
> *und allgemein menschlichen Lösungs-*
> *wegen erzählen.*

Das freie Rollenspiel

"UND WENN SIE NICHT GESTORBEN SIND, SO LEBEN SIE NOCH HEUTE"

Diesen Schlusssatz habe ich früher beim Erzählen weggelassen. Er schien
mir nicht geheuer, oder ganz einfach: ich habe ihn nicht verstanden. Heute
ist das anders, und ich bin froh darüber. Dieser Satz ist durch die Erlebnisse mit den Kindern und Erwachsenen wahr geworden: die Märchenfiguren –
die bösen und die guten – sind in uns Menschen lebendig.

WIE ES BEGANN

Als ich im Herbst 1984 die ersten Rollenspiele mit den Kindern gestaltete,
ist mir aufgefallen, dass die Rolle der Stiefmutter von keinem Kind gewählt
wurde. Nach weiteren Beobachtungen vermutete ich, dass diese Rolle für Kinder im Vorschulalter, und je nach seelischer Verfassung des Kindes noch
bis zur ersten und zweiten Klasse, zu bedrohlich ist (vergl. S.41).
Wobei für ältere Kinder die Stiefmutterrolle geradezu heilsam sein kann!
Um diese These zu prüfen, begann ich, jedes Spiel genau zu protokollieren.
Ich notierte Alter, Geschlecht und Rollenwahl.
Diese Aufzeichnungen wurden immer spannender und erfreulicher, weil meine
Vermutung bestätigt wurde (vergl. S.111). Aufgrund meiner Erfahrung ergab
sich folgender Leitsatz:

*Kleine Kinder sollen nicht gezwungen
oder aufgefordert werden, in einem
Märchen die Rolle der Stiefmutter
zu spielen.*

Zu jener Zeit erzählte mir eine Mutter folgendes Erlebnis: Ihr Sohn kommt vom Kindergarten nach Hause und spricht kein Wort. Er will nicht essen und scheint sehr bedrückt. Am Abend im Bett erzählt er dann weinend, dass er die Stiefmutter habe spielen müssen.

Es ist anzunehmen, dass die Kindergärtnerin – nach üblichem Muster – alle Rollen besetzt haben wollte. Weil kein Kind die Stiefmutterrolle freiwillig gewählt hatte, fiel sie dem sensiblen Knaben zu. Und weil er sich nicht lauthals wehren konnte, wurde er doppelt verletzt.

So geben mir Schilderungen der Mütter und vor allem die Kinder selbst immer wieder Impulse zum Nachdenken und In-Frage-Stellen. Wir müssen uns bewusst sein, dass Kinder sich emotional und gedanklich ganz mit der Märchenfigur identifizieren. Deshalb sind sie auch verletzt, wenn wir sie in ihrem Bös-, König- oder Tier-Sein nicht wirklich ernst nehmen. Kinder tun nicht 'als ob', sondern sie sind.

Mit der Zeit haben sich für mich Wege zur Gestaltung und Begleitung des Rollenspiels herauskristallisiert. Ich gebe sie als Anregung auf der nächsten Seite weiter.

*"Das Märchen bietet dem Kind
die Möglichkeit eines Lösungsversuchs –
eine Lösungsmöglichkeit für ein momentanes
Problem durchzuspielen – ohne dass es eine
therapeutische Situation ist, wo das
Kind speziell herausgenommen wird oder
hineingestellt.
Auch könnten wir diese therapeutische
Aufgabe nicht erfüllen. Wir müssen unsere
Grenzen kennen, wenn wir ein freies
Rollenspiel gestalten."**

* Aus 'Rollenspiel', Praxishandbuch, Schroedel Verlag Hamburg

SPIELART

. Meine innere Haltung: <u>ich biete an - erwarte nichts.</u>

. jedes Kind bringt von zu Hause ein Tuch mit - also etwas Persönliches.
  Auf diesem richtet es sich bequem ein.

. wenn nötig, aktualisiere ich Begriffe (vergl. S.88).

. der Uebergang zum Märchen wird durch einige Klänge eines Instruments
  erleichtert.

. ich erzähle das Märchen in Mundart.

. kurze Stille.

. ich frage: "Was hat dir am besten gefallen?", und dann erst: "Was möch-
  test du spielen?" Diese zwei Fragen werden oft verschieden beantwortet.

. es können vier Hänsel und drei Gretel sein (vergl. S.118), unbesetzte
  Rollen übernehme ich.

. die Kinder gestalten mit Mobiliar und Tüchern die wichtigsten Oertlichkeiten: Häuschen, Schloss, Fluss, Hölle.

. kein Kind muss spielen. Ich bemühe mich - unmerklich - jedoch darum, dass
  jedes Kind den Einstieg finden kann. Ohne aber zu bestimmen, dass und was
  es spielen soll.

. Zuschauer gibt es nicht. Wenn eine Mutter oder Kindergärtnerin dabei sein
  möchte, darf sie das nur, wenn sie mitspielt (vergl. S.102).

. kein Kind muss sprechen. Diese Gewissheit nimmt dem Kind die Angst vor
  Versagen und fördert den spontanen sprachlichen Ausdruck.

. wenn alle bereit sind, beginne ich, die Geschichte nochmals zu erzählen,
  was bei vorwiegend kleineren (5- und 6jährigen) Kindern und bei unbekann-
  ten Märchen notwendig ist. Dabei bleibe ich wach, um zu spüren, wann ich
  das Spiel ganz den Kindern 'übergeben' kann.

. ich spiele die unbesetzten Rollen. Je nach Situation schlüpfe ich mehr
  oder weniger in eine Rolle hinein, oder ich bleibe beim Erzählen. Das
  gleicht einer Gratwanderung, weil ich das Empfinden für das, was im Raum
  geschieht, nicht verlieren darf. Denn die Kinder brauchen den sicheren
  Boden, die Gewissheit, dass ich ganz für sie da bin - nur so können sie
  sich wirklich hingeben und bei sich bleiben.

. ich beobachte, ob ein Kind sprechen möchte. Spüre ich die Bereitschaft,
  gebe ich ihm Zeit, spreche vielleicht mit ihm oder an seiner Stelle.

. ich greife nicht korrigierend ein, biete aber Hilfe, falls sie
  willkommen ist.

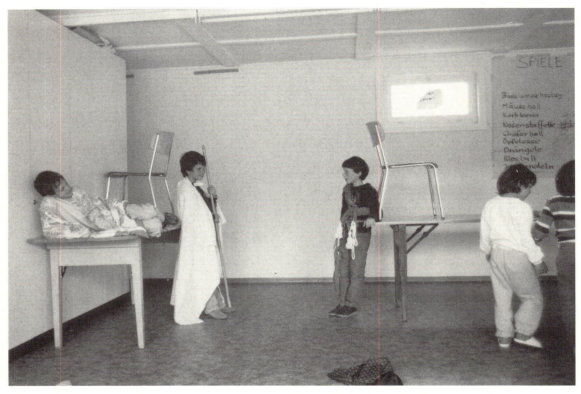

Quartier-Baracke

Singsaal

ehemaliger Fabrikraum

AUSSEN-RÄUME

Grosse, einfache und eher nüchterne Räume ermöglichen den Kindern, selbst
Räume zu gestalten.
Verschiebbare Tische, Stühle und Bänke sind dafür ideal.

Vertraute Räume – zum Beispiel das Schulzimmer – sind weniger geeignet,
weil dort eine bestimmte Ordnung herrscht und die Dinge feste Funktionen
haben und dann die Gefahr besteht, dass Klischees übernommen werden. Mit
'unbelasteten' und nicht alltäglichen Dingen und Räumen kann vor allem das
weniger kreative Kind freier umgehen.

Wenn doch im Schulzimmer gespielt wird, solltest Du Dir als Lehrer bewusst
sein, was das für Kinder bedeutet: es bedeutet, dass sie den gewohnten,
sicheren Rahmen sprengen. Für die einen Kinder ist das eine Erweiterung
und Bereicherung ihrer Möglichkeiten. Für Kinder mit einem schwachen
Selbstwertgefühl kann es eine Ueberforderung sein – denn den äusseren
Rahmen zu sprengen verunsichert sie, macht vielleicht Angst.
Ein neuer äusserer Raum kann auch neue innere Räume öffnen. Und den
nötigen Rahmen für das Spiel gibt das Märchen.

Das Zuhause der weisen Frau in 1-, 2- und 3-Aeuglein. Das Mädchen hat
um ein rechteckiges Tuch 5 Stühle angeordnet und mit grosser Sorgfalt
die Tücher darauf gelegt.

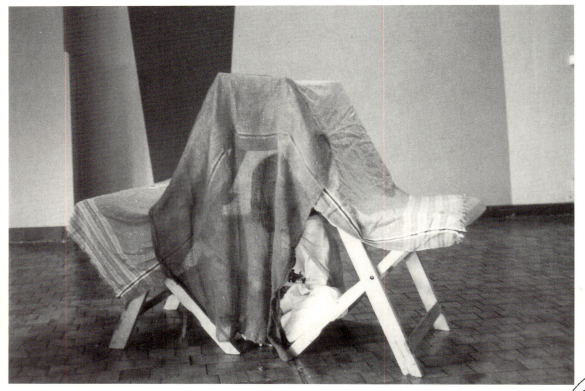

Die Maus nagt an den Wurzeln des Baumes, der früher goldene Aepfel getragen hat. In 'Der Teufel mit den drei goldenen Haaren'.

Das Haus von Ein-, Zwei- und Dreiäuglein und ihrer Mutter.

GESTALTUNG DER RÄUME

Kinder . gestalten einfach und genau

. schaffen klare Formen

. haben Sinn für das Wesentliche

. erfinden Rituale

. spielen mit viel Gefühl und grossem Ernst

. zielen selten auf Effekt

Je einfacher und gewöhnlicher die Gegenstände und das Mobiliar sind, desto
eher trifft oben Gesagtes zu, desto mehr Phantasie-Raum bleibt dem Kind.
Ich beobachte immer wieder, dass bei äusserer Kargheit die Kinder vieles
miteinander besprechen müssen, weil das innere Bild intensiver ist.
Wenn nun ein Haus eben nicht wie ein Haus aussieht, versucht der Erbauer
dem andern klar zu machen, <u>dass</u> es ein Haus ist. So höre ich dann etwa:
"<u>Hier</u> ist Türe - du kannst doch nicht einfach durch die Mauer laufen!",
oder: "Jez bisch grad dor min See glaufe - da got doch nöd!".

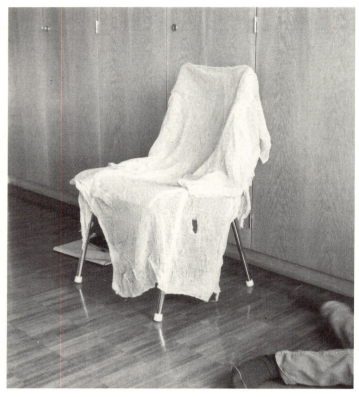

Der Bienenstock, wo der Honig fliesst.

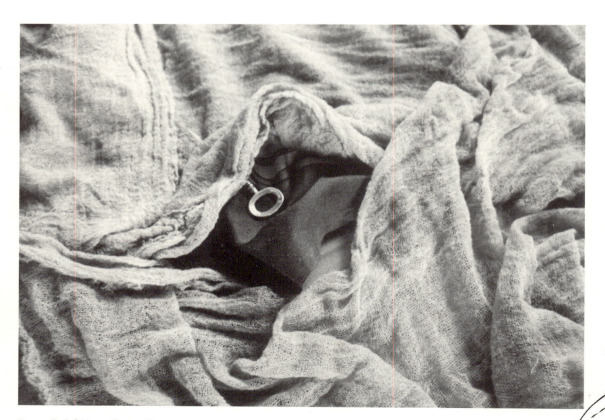

Der Schlüssel auf dem Grund des Sees.

Der Ameisenhaufen in 'Die Bienenkönigin'.

MATERIALIEN UND REQUISITEN
_____

Die Kinder bringen jeweils ein Tuch zum Spielen mit, das ergibt eine natür-
liche Vielfalt. Weil das Tuch manchmal vergessen wird oder sich schlecht
zum Spielen eignet, nehme ich selbst auch welche mit. Das sind gefärbte
Rebgasen-Tücher (bei landwirtschaftlichen Betrieben erhältlich) oder dünne
Windeln. Vor allem goldene für Kronen oder den Honig, blaue für Bächlein
und Seen.
Aus diesen Tüchern gestalten wir dann einen Vogel, ein Kindlein, die Krone,
den Apfel. Wegen ihrer Durchsichtigkeit entfremden sie weniger als ein
festgewobenes Tuch. Kleider sind schlecht, sie fixieren und verleiten eher
zu effekthascherischem Verhalten der Kinder.

Je weniger Requisiten vorhanden sind, desto mehr werden die Kinder dazu angeregt, selbst zu gestalten - und das bestärkt ihre Phantasie und ihr
Selbstwertgefühl.

Viele Angebote bringen Unruhe, zum Beispiel Streit um bestimmte Gegenstände, sie verleiten zu effektvollen Ver-äusserlichungen und so besteht die Gefahr, dass der tief innen erlebte Spiel-Impuls immer mehr
an Kraft verliert und das Spiel nach aussen hin verschoben wird.

101

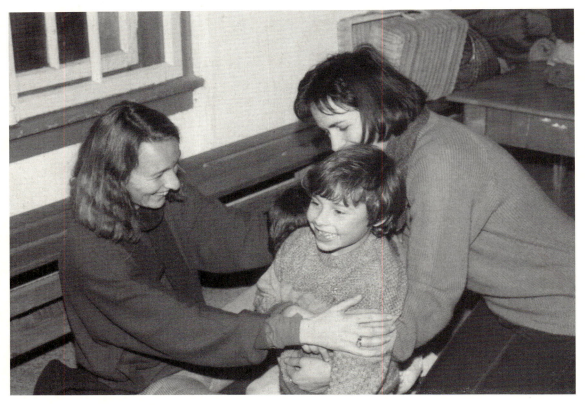

Das Glückskind wird aus dem Fluss geborgen...

DAS GLÜCKSKIND

Diejenigen Kinder, welche die Heldenrolle gewählt haben, erleben auf ihrem Weg viele Gegensätze: sie werden geplagt, bedroht, oft bis fast zum Tod verfolgt. Aber sie werden auch geborgen, sie erfahren Hilfe und erleben Erlösung und Bereicherung.

Das Mitspielen der Erwachsenen - Zuschauer gibt es keine (vergl. S.95) - kann dem Kind wichtige Erlebnisse ermöglichen. Weil wir physisch stärker sind, können wir das Kind wirklich vom Baum herunterholen, wie in 'Fundevogel', oder wie im obigen Bild das Glückskind tatsächlich aus dem Fluss bergen - und vielleicht war das der glücklichste Moment für das Kind.

... bringt der Königin den Brief...

... und heiratet die Prinzessin. Im 'Teufel mit den drei goldenen Haaren'.

103

Das stumme Männchen in 'Die Bienenkönigin'. Der Knabe spricht kein Wort,
bewegt nicht einmal seine Lippen, die Gestik ist deutlich.

Die zwei Dummlinge erfragen von der Itsche in 'Die drei Federn' den
schönsten Teppich.

Die drei Zweiäuglein führen die Ziegen in den Stall.

ROLLEN WERDEN ERPROBT

Innerhalb eines Märchens haben die Figuren und Tiere ein bestimmtes Verhalten, welches sich im Verlauf der Geschichte kaum verändert. Das erleichtert die Wahl und schon das kleine Kind kann sich in der Regel rasch
für eine Rolle entscheiden.
Im Märchen ist klar

. wer führt und wer geführt wird

. wer fragt und wer gefragt wird

. wer böse und wer hilfreich ist

Nach meinen Beobachtungen wählen Kinder oft die Gegensatz-Rolle zu
ihrem gewohnten sozialen Verhalten.
Bei lautstarken Anführer-Knaben ist die Rolle des Dummlings beliebt,
der fragt, weint, sucht und wartet. Oder ein eher verschlossenes Kind
ringt damit, eine Frage zu stellen – und eine Frage im Märchen ist von
grosser Bedeutung!

Die drei Teufelinnen verlassen die Hölle und gehen auf die Suche nach
neuen Opfern.

Das grosse Tuch ist die Kutsche, mit welcher die Dummlinge die erlösten
Itschen ins Schloss fahren - andere Kinder helfen gern dabei.

Aus den Eingeweiden der Ziege (1-2-3-Aeuglein) wachsen über Nacht Bäume mit silbernen Blättern und goldenen Aepfeln. Hier entziehen sie ihre Aeste dem Zugriff von Ein- und Dreiäuglein.

BEWEGUNG

Bei meinen Beobachtungen wird sehr deutlich: wenn eine Rolle von mehreren Kindern gespielt wird, so macht das ihnen grossen Spass und sie bewegen sich dabei viel freier.

Eine Teufelin würde allein wohl nicht so lustvoll aus der Hölle stürmen, oder eine einzelne Ziege hätte vielleicht nicht den Mut, dem Zweiäuglein auch mal davonzuspringen.

So hilft die Mehrfachbesetzung derselben Rolle auch dem körperlichen Ausdruck, was gerade für die gehemmten und motorisch gestörten Kinder gut sein kann – die ausdrucksstarken oder nervösen Kinder jedoch werden dadurch etwas 'gebremst', sie beruhigen sich.

Sie warten auf das Glückskind.

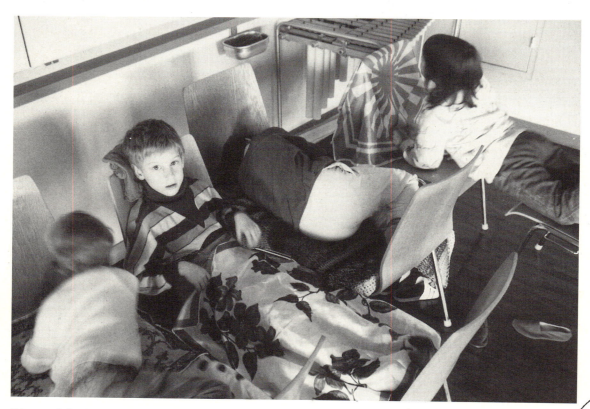

Die schlafenden Königstöchter in 'Die Bienenkönigin'. Alle vier Mädchen sind die Jüngste und Liebste.

Im Schloss: die Königin und ihre Töchter warten auf das Glückskind, welches vom Teufel drei goldene Haare holen musste.

DAS WARTEN DER PRINZESSINNEN

Die Rolle der Königstochter und Prinzessin wird von vielen Mädchen freudig gewählt, auch wenn die Figur im Märchen passiv ist, das heisst, nicht die Heldin ist.

Eifrig richten die Mädchen dann das Schloss ein und schmücken sich selbst. Und dann warten sie – fein herausgeputzt – auf ihrem Thron. Manchmal ist es ihren Gesichtern anzusehen, dass sie sich mit der Zeit langweilen. Andere sitzen ganz ernst auf ihrem Platz und warten auf den Erlöser – wobei sie meistens leer ausgehen (vergl. S.51).

Da ich keine konstante Gruppe habe, kann ich nicht beurteilen, ob die Mädchen daraus etwas lernen – ich wünsche es mir.

BEOBACHTUNGEN – AUFZEICHNUNGEN – AUSWERTUNGEN

von 73 Spielen

mit 663 Kindern

im Alter von 4½ bis 12 Jahren

mit etwa 30 verschiedenen Märchen

in Winterthur, Buech am Irchel, St. Gallen,

Oberstammheim, Eglisau und Wald.

DIE HELDENROLLE

Knapp ein Drittel der Kinder wählen die Rolle der Hauptfigur. Das heisst von 348 Kindern in 46 Spielen 97Mal, was im Durchschnitt zwei Helden oder Heldinnen ausmacht.

Als ich während der Reinschrift des Buches im Januar 88 die Spiele neueren Datums in Zahlen betrachtete, machte ich eine interessante Feststellung:

	1985/86	1987
Spiele	46	27
Kinder	348	315
Kinder pro Spiel	7,5	11,6
Wahl der Hauptfigur	97x	58x
durchschnittliche Anzahl Hauptfigur pro Spiel	2	2

Obwohl in dieser Zeit die durchschnittliche Gruppengrösse um einen Drittel gewachsen ist, blieb die Zahl der Helden und Heldinnen konstant: zwei pro Spiel. Ist das eine innere und/oder soziale Gesetzmässigkeit?

Lediglich in drei Spielen bleibt die Hauptfigur unbesetzt:

. in 'Rotkäppchen'. Also spiele ich das Rotkäppchen und der Wolf freut

sich, mich verschlingen zu dürfen - und der Jäger darüber, dass er mich
aus dem Wolfsbauch herausschneiden darf.

. In 'Schneeweisschen und Rosenrot'. Während der Rollenwahl bemerkt ein
Mädchen: "Ich möchte doch keine dumme Gans sein", und die andern sind
auch ihrer Meinung. Der Zwerg (ein Mädchen) beschimpft mich, Rosenrot,
dann lauthals.

. In 'Die drei Federn' fällt mir die Rolle des Dummlings zu.

WAHL DER BÖSEN FIGUR

Eine böse oder eine Kontrast-Figur wird lediglich von einem knappen Zehntel
der Kinder gewählt.

Es sind folgende Figuren:
Der böse König - die bösen Brüder oder Schwestern - der Teufel - die Hexe -
die Zauberin - die Stimme im Bach ('Brüderchen und Schwesterchen') - der
Riese - der Müller (böser Vater in 'Rumpelstilzchen) - die Köchin ('Fundevogel') - die Pechmarie - der böse Zwerg.

Teufel, Hexe, Riese und Zauberin werden jeweils sehr lustvoll gespielt.
Wobei ich bei den Kontrast-Brüdern und -Schwestern beobachten kann, dass
diese Rolle gegen den Schluss des Spiels manchmal beim Kind ein eher be-
klemmendes Gefühl aufkommen lässt. Denn die erhaltene Strafe steht in
scharfem Kontrast zum Lohn des Helden oder der Heldin. Und das wird von
wenigen Kindern ertragen.

Von 348 Kindern wählten nur vier die Rolle der Stiefmutter:

. ein 11jähriges Mädchen in 'Einäuglein, Zweiäuglein, Dreiäuglein'.

. ein 5jähriges Mädchen wählt diese Rolle in 'Brüderchen und Schwesterchen': mit Freude verzaubert sie die Bächlein im Wald, bald darauf
kommt sie zu mir und sagt: "Ich möchte nicht mehr spielen". "Was willst
du machen?" frage ich sie. "Ich möchte ein Bilderbuch anschauen". Den
Rest des Spiels verbringt sie zufrieden im Schloss. Das Verzaubern war
ihr wichtig und ich denke, dass die Machenschaften der Stiefmutter im
zweiten Teil der Geschichte für das Mädchen unwichtig, nicht einfühlbar
oder zu bedrohlich waren.

EINE STATISTIK?

Eigentlich ist es ein Un-Ding, von Märchen-Rollen-Spielen eine Statistik
zu machen. Eine Statistik sollte ja ein möglichst objektives Bild eines
'Sachverhalts' geben. Das ist in diesem Fall unmöglich. Was ich hier in
Zahlen erfasst habe, ist nur ein winziges Extrakt aus dem, was wirklich
geschieht. Die folgenden Ergebnisse schildern nur einige oberflächliche,
eben sichtbare, Punkte des so komplexen Geschehens und sagen nur indi-
rekt etwas über das innere Erleben aus. Ich möchte sie auch so verstanden wissen.

Subjektivität

Diese Zahlen sind auch sehr subjektiv, weil das ganze Geschehen von der
leitenden Person abhängig ist:
- von der inneren Haltung, der Bereitschaft, wirklich alles offenzulassen
  und keine Erwartungen zu haben.
- von der Fähigkeit, ganz da zu sein, denn dadurch gebe ich den Kindern
  einen festen Boden, auf dem sie den Umgang mit dem Guten und Bösen er-
  proben können.
- von der Wahl des Märchens und der Art des Erzählens.

Soziale Faktoren

werden in diesen Zahlen auch nicht erfasst. Wie zum Beispiel:
- ein 12jähriges Mädchen wird von ihren Kolleginnen ausgelacht, weil sie
  mit den Kleinen Märchen spielt. Auf mein Bedauern hin kommt sie wieder,
  mit ihrer Freundin.
- wenn Geschwister in der Gruppe sind, ist das für das Jüngere der beiden
  oft ein Hindernis. Das Aeltere (meist sind es die Mädchen) hat die Tendenz, sich für das Jüngere verantwortlich zu fühlen, rät oder befiehlt
  ihm dann - was die freie Rollenwahl erschwert. Doch kann dieses Verhalten auch eine Einstiegshilfe sein.

Tabellen

Die Interpretation der Zahlen und Aufstellungen auf den folgenden Seiten
möchte ich dem Leser überlassen. Ich werde sie zum Teil in meine Schluss-
folgerungen einbeziehen.

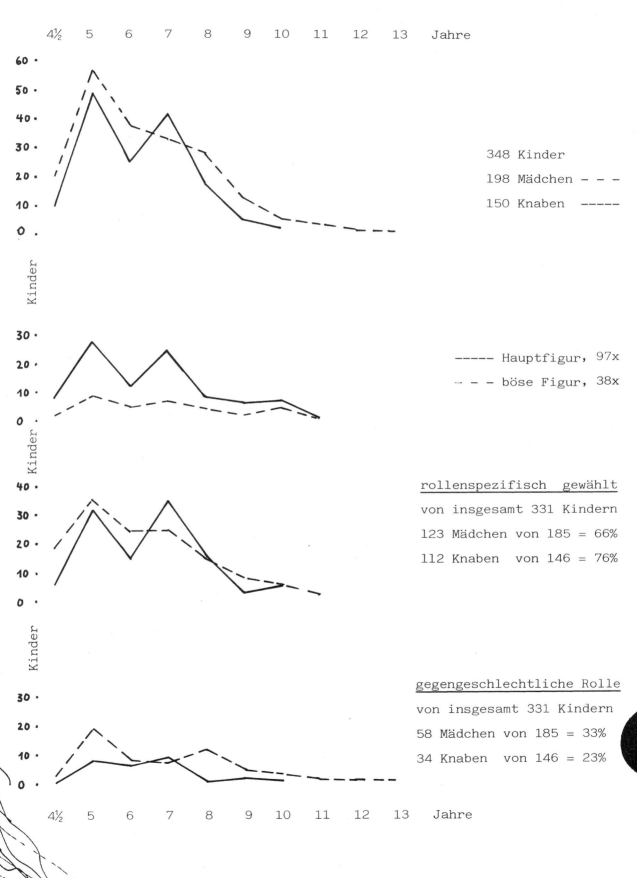

4½ 5 6 7 8 9 10 11 12 13 Jahre

348 Kinder

198 Mädchen - - -

150 Knaben ——

——— Hauptfigur, 97x

- - - böse Figur, 38x

rollenspezifisch gewählt
von insgesamt 331 Kindern
123 Mädchen von 185 = 66%
112 Knaben von 146 = 76%

gegengeschlechtliche Rolle
von insgesamt 331 Kindern
58 Mädchen von 185 = 33%
34 Knaben von 146 = 23%

4½ 5 6 7 8 9 10 11 12 13 Jahre

Die Bienenkönigin

Kinder	53	9	6	12	6	10	10
Mädchen	29	5	3	7	3	4	7
Knaben	24	4	3	5	3	6	3

	9	6	12	6	10	10	♀	♂	Kinder
Dummling	1	1	2	1	2	1	1	7	8
2 Brüder	*	2	2	*	*	*	4		4
Ameisenkönig	*	⋮1	1	*	1	*		3	3
Ente	2	⋮(1)	⋮5	4	1	3	12	4	16
Bienenkönigin	3	⋮(1)	⋮(1)	*	⋮(1)	*	3	3	6
verst. Pferde	1							1	1
graues Mannli	1	*	1	*	⋮3	2	2	5	7
Perlen	1				⋮(2)		1	2	3
Königstochter	*	1	1	2	⋮1	4	8	1	9
Schlosswächter					⋮2			2	2

Held: 8, Tiere: 26 Kinder.

Anmerkung zu den Tabellen: (1) und ⋮ bedeuten, dass ein Kind – meistens spontan während des Spiels – noch in eine andere Rolle geschlüpft ist. *: ich habe die Rolle gespielt.

Ein 8jähriger Knabe ist offensichtlich ein grosser Lausbub im Dorf. Er erzählt mir von seinen Streichen. Anfänglich ist er laut und unruhig, er kann nicht stillsitzen – aber er hat liebe Augen.

Er wählt die Rolle des Dummlings. Ich spiele die Brüder, also jene Rolle, die am ehesten dem Sozialverhalten des Knaben entspricht.

Wir spielen. Ich plage die Ameisen, möchte die Enten töten und die Bienen verbrennen – und er muss mich daran hindern. Ich bin hartnäckig und biete immer mehr Widerstand. Er braucht immer mehr Kraft – körperlich und mit Worten. Ich <u>will</u> die Bienen verbrennen, gebe nicht nach – und da platzt er heraus: "Nein! Wenn du sie verbrennst, können sie keinen Honig mehr machen und dann haben wir keinen Honig mehr!".

• Ein-Zwei-Dreiäuglein •

						2.Spiel		♀	♂	Kinder
Kinder	68	8	15	18	15		12			
Mädchen	38	5	10	8	9		6			
Knaben	30	3	5	10	6		6			

							♀	♂	Kinder
Zweiäuglein	3	4	2	2	1	3	10	5	15
Dreiäuglein	*	1	2	1	1	1	3	2	6
Einäuglein	*	*	*	(1)		1	2		2
Stiefmutter	*	1	*	2	*	*	2	1	3
weise Frau	*	1	1		2	1	5		5
Ziege	3	4	8	7	8	5	19	16	35
Baum	3	4	8	7	8	5	19	16	35
Apfel					1		1		1
König	2	(3)	4	2	3	1	4	11	15
Wächter		4						4	4
Zuschauer				1				1	1

Heldin: 15, Tiere: 35 Kinder.

Nachdem ich das Märchen erzählte habe, fragt mich ein Kind:

"Wieviele Augen hat die Mutter?"

Ich: "Ich weiss es nicht".

ein Kind: "Vielleicht fünf".

ein anderes: "Oder Null".

ein anderes: "Oder keines".

ein anderes: "Sicher nicht zwei".

Damit ist das Gespräch beendet, und die Kinder scheinen zufrieden zu sein.

Ein 6jähriger Knabe kommt zu mir und sagt: "Ich weiss, was ich spielen möchte, aber ich will es nicht sagen, du musst es erraten".
Ich frage der Reihe nach: "Bist du die Mutter? - Nein! - Bist du das Einäuglein? - Nein! - Bist du das Zweiäuglein? - Ja!." Will er meine Zustimmung, dass er als Knabe diese Rolle spielen 'darf'?

Das Waldhaus

	13	11	9	12		8		♀	♂	Kinder
Kinder 53	13	11	9	12		8				
Mädchen 32	9	6	5	7		5				
Knaben 21	4	5	4	5	2.Spiel	3				
Jüngste	4	*	4	1	2	3		12	2	14
Aelteste	1	*	1	*	1	1		3	1	4
Mittlere	(1)	*	*	1	1	*		3		3
Holzhacker	1	1	3	*	1	*		3	3	6
Mutter	1	*	*	*	*	*		1		1
alter Mann Königssohn	2	1	1	3	1	1		1	8	9
Huhn	1	3		3	1			6	2	8
Hahn		2		1	1	1		2	3	5
Kuh	*	3	*	1	1	2		2	5	7
Vogel	2			2	1	1		6		6
Steinadler	1								1	1
Hexe		1						1		1
Zuschauer						2				2

Heldin: 14, Tiere: 27 Kinder.

Ein 8jähriges Mädchen spielt die Mutter, ein 6jähriges den Holzhacker.
Als am dritten Morgen der Holzhacker von der Frau die jüngste Tochter er-
bittet, weigert sich die Mutter hartnäckig: "Nein, ich schicke sie nicht
in den Wald, sie bleibt hier!" Das kleine Mädchen steht vor dem grossen,
welches die Arme in die Hüften stemmt, und fragt wieder und wieder. Die
Mutter will nicht nachgeben. Die kleine Holzhackerin ist beinahe am ver-
zweifeln - ich bange mit ihr - da sagt sie mit lauter Stimme: "Aber sie
muss mir das Essen bringen, sonst werde ich mit der Arbeit nicht fertig,
und dann haben wir zu wenig Holz, um im Winter zu heizen!" Das wirkt.

							♀	♂	Kinder
Kinder 79	12	10	10	13	17	17			
Mädchen 45	5	4	6	8	9	13			
Knaben 32	7	6	4	3	8	4			

							♀	♂	Kinder
Glückskind	4	2	2	1	1	4	7	7	14
König	1	1	1	1	1	1	2	4	6
Pferd				(1)		1	1	1	2
Eltern Müllersleute	*	*	*	1	*	*		1	1
Müllersbursche	*	*	*	1	*	*		1	1
Räubermutter	*	1	*	*	*	*		1	1
Räuber	2	2	2	1 (2)	(4)	(5)	6	12	18
Wächter	1	(2)		2	2	2		9	9
Grossmutter	1	1	(2)	1	*	*	4	1	5
Teufel	1	1	(2)	2	4	5	8	7	15
Esel mit Gold		2	1	3	1	(5)	11	1	12
Maus an Wurzel					2		1	1	2
Königin Mutter	*	*	2	*	1	*	3		3
Königstochter	2	(2)	2	(1)	*	1	1	1	2
Fährmann	*	*	*	(1)	*	1	1	1	2
Zuschauer						2	1	1	2

Held: 14, Tiere: 16 Kinder.

Ein 5jähriges Mädchen spielt das Glückskind. Mit den drei goldenen Haaren und den vier mit Gold beladenen Eseln kommt es ins Schloss zurück. Der geldgierige König fragt das Glückskind: "Woher hast du das viele Gold?" Das kleine Mädchen antwortet prompt: "Vom Teufel!"

ZUM ABSCHLUSS

erwähne und wiederhole ich einige Punkte, die mir für das freie Rollenspiel mit Kindern wesentlich erscheinen.

ALLGEMEINES

. Mit den Märchen gebe ich dem Kind eine Ahnung von den Schwierigkeiten
  unseres Daseins. Wenn es diese Ahnung als eine Art Vorbereitung in sich
  trägt, werden es die Härten des Lebens weniger unverhofft treffen.

. Ich vermittle ihm diese Ahnung in einer sinnlichen Art, in der ihm entsprechenden bildhaften Symbolsprache, ohne es intellektuell zu überfordern.

. Ich rege mit dem Märchen zur Not-wendigen Phantasie an.

. Das Märchen hat eine harmonisierende Wirkung – es kann verschlossene
  Kinder öffnen und nervöse beruhigen.

. Die Märchenfiguren bieten sich als Identifikationsfiguren besonders gut
  an: weil sie weder individuell gezeichnet, noch in Raum und Zeit bestimmt
  sind. Dadurch kann der Spieler sie mühelos als einen Teil von sich selbst
  erleben.

DIE FREIE ROLLENWAHL

Sie ist mir deshalb ein besonderes Anliegen, weil sie die Gefühlskräfte
des Kindes stärken kann.

. Wenn das Kind diejenige Rolle spielen darf, die es selbst spontan gewählt
  hat, kann es bei seinem Gefühl bleiben.

. Es gibt immer wieder Kinder, welche die Rolle der Hexe oder des Zauberers
  wählen, obwohl diese Figur nicht vorkommt. Ich lasse ihm diese Wahl und
  versuche dann, diese Figur im ganzen Geschehen einzubeziehen.

. Weil die Rolle der Hauptfigur mehrfach besetzt werden darf, fällt der
  Kampf um den 'besten' Platz weg.

. Wenn ein scheues Kind sich an ein mutigeres anschliessen kann, kommt es
  weniger unter Leistungsdruck – und doch zum Erlebnis.

Manchmal fragen mich die Kinder: "Geht das, wenn zwei dasselbe spielen?".
Ich sage ja - und es geht, denn die Kinder sind offen dafür und ich staune
jeweils, wie gut sie damit umgehen.

Ich beobachte verschiedene Spielarten:

- meistens sprechen die Kinder gleichzeitig. Keines scheint vom andern ge-
  stört zu sein, weil jedes bei sich ist, ganz konzentriert. Und die Ver-
  stärkung einer Frage kann gut sein!

- sie sprechen abwechselnd. Absprachen während des Spiels stören den Hand-
  lungsablauf in keiner Weise.

- die Kinder helfen einander und ich staune oft, wieviel Geduld sie haben.

Ich stelle immer wieder fest, dass Kinder toleranter und solidarischer sind
als wir Erwachsene - auch klarer in der Abweisung und härter im Kampf. Für
sie ist es gut - wir haben Mühe damit. Das freie Rollenspiel kann Toleranz
und Solidarität fördern - und das brauchen wir unbedingt!

ENTEN UND ZIEGEN - DIE TIERROLLE

Das Eselein mit dem Gold auf dem Rücken, die Enten, Ameisen, Ziegen und
Vögel, das Reh, der Bär und die Bienenkönigin sind bei den Kindern sehr
beliebt. Sie schlüpfen zweimal häufiger in die Rolle eines Tieres als in
diejenige des Helden oder der Heldin. Vergleiche dazu S.114-117.

Von 315 Kindern in 27 Spielen haben gewählt:

Held/Heldin   58, also 2 pro Spiel

eine Tierrolle   113, also 4 pro Spiel

Kinder in diesem Alter fühlen sich noch sehr verbunden mit der instinktiven
Welt des Tieres, weil sie selbst ihre Bewusstheit erst langsam entwickeln.
Das Handeln und die Sprache des Tieres sind einfacher. Weil die Kinder auf
die unterschiedlichen Tierfiguren (vergl. S.53) auch verschieden reagieren,
möchte ich noch darauf eingehen.

Wenn das Tier ein verhexter Mensch ist, der erlöst werden muss, ist diese Rolle für die Kinder nicht (noch nicht) attraktiv. Sie wollen lieber das Tier bleiben. Das konnte ich bei den Märchen 'Brüderchen und Schwesterchen' und 'Schneeweisschen und Rosenrot' beobachten. Als der Bär nicht Königssohn werden wollte, wurde Rosenrot ungeduldig: "Ich möchte doch heiraten!" Nachdem ich einmal 'Das Eselein' erzählt hatte, sagten die Kinder einstimmig: "Aber gell, das spielen wir nicht". Zugehört haben sie jedoch ganz aufmerksam.

Wenn das Tier 'nur' die Funktion des Tieres hat, so geht es im Märchen ja meistens darum, dass die Hauptfigur das Tier nicht tötet, obwohl der Impuls dazu da war. Das Tier bittet um Mitleid - verlangt also den Verzicht aufs Töten. Später erweist es sich dann als hilfreich.
Dabei erhält das Kind eine Ahnung davon, dass Leben-lassen Entwicklung und Bereicherung bedeutet.

MÄNNLICHE UND WEIBLICHE ROLLEN

Vergleiche dazu die Aufstellungen auf Seite 113.
Es ist deutlich, dass die Mädchen länger nach ihrem Gefühl entscheiden: 8jährige spielen auch den König oder den Teufel, während die Knaben in diesem Alter keine weiblichen Rollen mehr wählen.
Bis jetzt habe ich nur eine Ausnahme erlebt. Ich erzählte das Märchen 'Die zertanzten Schuhe'. Ein 9jähriger Knabe konnte sich lange nicht entscheiden, immer wieder wählte er eine andere Rolle. Kurz vor Beginn des Spiels sagt er:"Ich möchte die Prinzessin sein". Er hat es gewagt! und atmet sichtlich auf. Einzelne Kinder schmunzeln, aber keines lacht ihn aus. Die vielen Prinzessinnen nehmen ihn in ihren Schlafsaal auf. Auf ihr Geheiss muss er noch seine Schuhe holen und sie vor sein Bett stellen - es steht etwas abseits...

DIE POLARE ROLLE

Leider ist schon bei kleinen Kindern ein fixiertes Rollenverhalten zu
beobachten. Das ist oft eine Reaktion des Kindes auf eine zu starre oder
aber auf die fehlende Struktur in der Familie. Für diese Kinder kann das
Angebot der freien Rollenwahl eine Hilfe sein und durchaus therapeutische
Wirkung haben.

Weil das Märchen so klare polare Rollen anbietet, kann das Kind unbehelligt
eine Rolle spielen, die es sonst nicht aus-lebt. Die ungelebte Seite ist
die Schattenseite - ob sie gut oder schlecht ist.

Viele Kinder nehmen die Möglichkeit der polaren Rolle wahr, denn sie stre-
ben noch unbefangener als wir nach Ganzheit und Harmonie.

... und vielleicht lässt ein kleiner 'Bösewicht' nach dieser Erfahrung das
Gold unter dem Bärenfell hervorleuchten ... oder ein zu angepasstes Mädchen
zeigt einmal seine Hörnchen...

DAS VERBORGENE

Was die Kinder beim Spiel in ihrem Innersten und ihrer Phantasie erleben,
bleibt unserer Sicht verborgen. Und dieses Geheimnis sollen wir auch achten.

In der jetzigen Zeit wird den Kindern durch die zu frühe Belastung mit
Wissen das Geheimnisvolle des Lebens vorbehalten - sie tragen es zwar in
sich, aber die Wertschätzung von der Aussenwelt ist gering. Das Volksmärchen birgt Geheimnisse und es kann dem Kind seelische Nahrung sein.

Ein Leben ohne Geheimnis hat keinen tiefen und keinen höheren Sinn.

Geschichte

Weil das Volksmärchen über Jahrhunderte und Jahrtausende mündlich überliefert wurde, ist seine Geschichte sehr jung.
Der folgende Text ist eine Zusammenfassung aus dem Buch 'Märchen – Realien zur Literatur' von Max Lüthi.

Altertum (1500 v.Chr. bis 500 n.Chr.)

Aus dem alten Aegypten hat man Papyri, auf denen Erzählungen mit märchenhaften Zügen gefunden wurden. Und die Geschichte der Brüder Anup und Bata, welche im Jahre 1250 v.Chr. aufgezeichnet wurde, gehört noch heute zu den beliebtesten Volksmärchen. Lüthi betont aber, dass solche Anklänge noch kein Beweis dafür sind, dass das Volksmärchen im engeren Sinn im alten Aegypten lebendig war.
Man darf wohl annehmen, dass im alten Israel Volksmärchen erzählt wurden, da man in den Texten des alten Testaments einen Abglanz davon spüren kann.

In der Literatur des alten Griechenland findet man Hinweise auf Kinder- und Ammenmärchen und Altweibergeschichten. Auch sind in den griechischen Sagen Märchenmotive enthalten.

Vom alten Rom besitzen wir die Geschichte von 'Amor und Psyche' aus dem Jahr 150 n.Chr. Diese römische Erzählung, wahrscheinlich nach griechischer Vorlage, ähnelt stark den Märchen mit dem Motiv des Tierbräutigams.

Mittelalter (350 bis 1500 n.Chr.)

Lüthi: 'Auch von der aus dem Mittelalter überlieferten Literatur kann man für die früheren Zeiten nur sagen, dass sie märchenhafte Züge enthält, die als Hinweis auf die Existenz des Volksmärchens aufgefasst werden können, aber nicht müssen'. Wesselsky verlegt die eigentliche Entstehung der europäischen Märchen in die Zeit des Spätmittelalters. Er nennt 'Das Eselein' (Grimm Nr. 144) als wahrscheinlich ältestes und vermutet seinen Ursprung in Indien.

Neuzeit (ab dem 16.Jahrhundert)

Von da an beginnen die Quellen reichlicher zu fliessen. Ich möchte daran erinnern, dass der Buchdruck Mitte des 15.Jahrhunderts erfunden wurde. Hauptereignis in der Geschichte des Märchens ist im 16.Jahrhundert das Erscheinen von G.F. Straparolas Sammlung von 73 grösstenteils aus mündlicher Ueberlieferung stammmenden Erzählungen, von denen 21 als Märchen bezeichnet werden können. Wir finden darunter die Geschichten vom Meisterdieb, vom Tierprinzen, vom gestiefelten Kater, dem dankbaren Toten.

Im <u>17.Jahrhundert</u> ist es wiederum Italien, das den wichtigsten Beitrag zur schriftlichen Ueberlieferung der Volksmärchen leistet: G. Basile, ein neapolitanischer Schriftsteller und Beamter publiziert eine Sammlung von 50 Erzählungen. Die Brüder Grimm haben in den meisten Parallelen zu ihren Märchen erkannt: Aschenputtel, Tischlein-deck-dich, den zwei Brüdern, Marienkind, Rapunzel u.a..

Ein Zeugnis für das Märchen in Deutschland ist die Erzählung vom Bärenhäuter, die Grimmelshausen in seinen 'Simplicianischen Schriften' zum besten gibt.

<u>Ende des 17.Jahrhunderts</u> gab der Schriftsteller Perrault in Frankreich acht Erzählungen heraus, von denen sieben offensichtlich echte Volksmärchen sind: 'La belle au bois dormant'(Dornröschen), 'Le petit chapron rouge' (Rotkäppchen), 'La barbe bleu' (Blaubart), 'Le Maître chat ou le chat botté' (Der gestiefelte Kater), 'Les fées' (Frau Holle) und 'Cendrillon ou le pantoufle de verre' (Aschenputtel).

Zu Beginn des <u>18.Jahrhunderts</u> wartet Frankreich mit einem weiteren wichtigen Ereignis in der Geschichte des Märchens auf: J.A. Galland veröffentlicht 'Les mille et une nuits en François' nach einer aus dem 14.Jahrhundert stammenden arabischen Handschrift und nach mündlichen Erzählungen eines syrischen Maroniten. Die im Geschmack der Zeit gehaltene freie Bearbeitung hatte grossen Erfolg. Dann bringen zwei andere Autoren 'Mille et un jours' nach persischen Manuskripten heraus, worauf eine Flut von pseudo-orientalischen Erzählungen folgt.

Im Jahrhundert der Aufklärung warten ironische Feengeschichten auf und orientalische Märchen, für die man sich aus kultureller Wissbegierde interessieren durfte. Sie vermochten das geheime Bedürfnis der Menschen nach Wunderbarem und Phantastischem zu befriedigen und zugleich kam der skeptische, spielfreudige und spöttische Verstand auf seine Rechnung.

Im <u>19.Jahrhundert</u> ward dann das entscheidende Wort in der Geschichte des Volksmärchens gesprochen. Die Sammlung der Brüder Grimm 'Kinder- und Hausmärchen'(1812-1815) wurde im deutschen Sprachbereich, und später auch in anderen Ländern, zum eigentlichen Volksbuch.
Damit war zweierlei entschieden: das lange verachtete Volksmärchen war endgültig buchfähig geworden, es war aus der Kinder- und Gesindestube ins gedruckte Handbuch aufgestiegen: nach dem Grimmschen Vorbild begann man bald auch in anderen Ländern, Volksmärchen aufzuzeichnen und zu veröffentlichen.
Gleichzeitig aber wurde damit der freilich ohnehin dem Untergang geweihten mündlichen Ueberlieferung ein kräftiger Stoss versetzt. Das ins Buch gerettete Märchen tat das seinige, der mündlichen Erzählkultur weiteren Boden zu entziehen, und es trat immer mehr an die Stelle des von Generation zu Generation, von Erzähler zu Erzähler überlieferten Märchens.

Sage Mythos Legende

Der foldende Text ist auf Ausführungen von Max Lüthi gestützt und ergänzt durch andere Zitate.

DIE SAGE

Max Lüthi: 'Die Sagen sind im modernen europäischen Begriff Erzählungen, die den Anspruch haben, von wirklichen Vorgängen zu berichten, und sie haben, weil sie von Mund zu Mund gegangen sind, eine charakteristische Umformung - vom wirklichen Geschehen weg - erfahren'.

Die Sage berichtet von Menschen, die in bestimmten Situationen wie Krieg, Pest- oder Hungerszeiten eine besondere soziale Stellung eingenommen haben. Im Märchen jedoch ist der Held nichts Besonderes, er handelt, dadurch wird er besonders.

Bei Sagen im engeren Sinn denkt man an Berichte über Geister und Gespenster, über Riesen, Zwerge, Wald-, Wasser- und Windwesen, über Schutzherren von Tieren, über Berg- und Wüstendämonen, über Hexen und Zauberer - alles Wesen, die etwas Jenseitiges an sich haben. Diesen Gestalten gilt das Hauptinteresse der Sage, während das Märchen mehr auf die Handlung gerichtet ist.

Die Sage ist emotional, ethisch, sachlich, zeitlich und räumlich gebunden - das Märchen bewegt sich leichter und freier.

Jacob Grimm: 'Das Märchen ist poetischer, die Sage historischer.'

DER MYTHOS

Hedwig von Beit: 'Der Mythos schildert, vom Menschen unbeteiligt, von aussen betrachtet, die Entstehung der Götter und der Welt, ihre Gestaltung und die Erschaffung des Menschen und ferner Vorgänge, die sich unter Göttern und Halbgöttern abspielen. Die Darstellungsweise ist eine Konzentration in Bildern und ist insofern dem poetischen Schaffen verwandt.'

Bruno Bettelheim: 'Der Mythos ist pessimistisch, während das Märchen optimistisch ist, wie tödlich ernst auch einzelne Züge sein mögen.'

Max Lüthi: '... der Mythos liebt es, seinen Standpunkt von Anfang an im ganz anderen zu wählen; er hebt so das Geschehen aus dem Irdischen und aus der Zeitlichkeit heraus. Urspungsmythen, Göttermythen sind charakteristische Formen davon, decken aber nicht das ganze Feld ab ... der Mythos beschreibt bedeutsame, überindividuelle, kollektive Wirklichkeit.'

DIE LEGENDE

Max Lüthi: 'Die moderne Legendenforschung unterscheidet die eigentliche Legende, die das irdische Leben heiliger Personen erzählt - und die Mirakelerzählung, die von Wundern als Offenbarung Gottes oder als Hinweise auf ihn berichtet.'

Fabel Schwank Kunstmärchen

DIE FABEL

Auch sie gehört zum Kreis der Erzählgattungen, die wie das Märchen inhalt-
lich über den Rahmen des irdisch Möglichen hinausgehen... sind doch sprechende und handelnde Tiere, Pflanzen, Dinge oder Körperteile mit dem Begriff der Fabel verbunden.

Die Fabel wird aber im Gegensatz zum Märchen von ihrem Schöpfer wie vom
Zuhörer oder Leser als eine um des Nutzens willen erfundene Geschichte empfunden, die Vorgänge und Figuren werden also nicht als solche wichtig ge-
nommen, sondern auf ihre praktische Bedeutung abgetastet und vom Dichter
von vornherein daraufhin angelegt. Sie sind meist sehr moralisch.

Die Form der Fabel wird aber auch in Zeiten grosser Repression und poli-
tischer Unfreiheit benützt, um soziale Ungerechtigkeiten aufzuzeigen.

DER SCHWANK

Schliesslich steht auch der Schwank dem Märchen insofern nahe, als er im
Gegensatz zur realistischen Erzählung, zu Epos, Roman und Novelle gern Unmögliches berichtet. Zwar kann das im Schwank Erzählte wahr oder erfunden
sein... die dem Schwank innewohnende Neigung zur Parodie, zur Satire,
zur Entstellung, gibt ihm eine Richtung zum Unwirklichen hin.
Der Schwank will als solcher zum Lachen bringen - das Märchen nicht.

DAS KUNSTMÄRCHEN

Max Lüthi: 'Das Kunstmärchen ist ein literarisches Produkt eines Einzelnen,
das Volksmärchen ist die sich dauernd wandelnde Imagination der vielen
Seelen, durch die es gegangen ist.'

Agnes Gutter: 'Während wir im Volksmärchen nicht wissen, wo und wie es entstanden ist - wir kennen den Verfasser nicht, nur den, der es uns weiterer-
zählt - sind die Urheber der Kunstmärchen bekannt.... diese Schriftsteller,
diese Künstler laufen Gefahr zu reflektieren. Und wenn einer ein echter
Poet ist, fällt es ihm schwer, auf das Ausschmücken seiner Märchen zu ver-
zichten. So tritt er ins Gespräch mit seinen Lesern und Hörern. Die Symbolik seiner Erzählungen wirkt zwar in die Tiefe, seine Ansprache indessen
wendet sich auch sehr an das Bewusstsein. Daraus ergibt sich bereits die
Eignung des Kunstmärchens für grössere Kinder...'

Die bei uns bekanntesten Kunstmärchen sind jene von Hans Christian Andersen. Andersen war Däne und lebte im letzten Jahrhundert von 1805 bis 1875.

Und wer gerne Geschichten eines heutigen Märchenerzählers lesen möchte, dem
empfehle ich das Buch von Gidon Horowitz 'Märchen aus dem Zauberwald', erschienen im Ansata-Verlag, CH-Interlaken 1986.

Literatur

KIND UND MÄRCHENWELT

_____

Märchen als Schlüssel zur Welt von Felicitas Betz
Verlag Ernst Kaufmann Lahr BRD 1979
Eine Auswahl von Märchen für Kinder im Vorschulalter, mit wertvollen Hinweisen auf das Symbolverständnis. Sehr empfehlenswert.

Das Märchen und die Phantasie des Kindes
von Charlotte Bühler und Josephine Bilz. Springer Verlag Berlin 1977
Charlotte Bühler hat schon 1918 eine Arbeit veröffentlicht, worin sie das kinderpsychologische und das methodische Problem in der Märchenarbeit beschreibt. Ein interessantes Fachbuch.

Märchen und Märe von Agnes Gutter
Antonius Verlag Solothurn CH 1968
Psychologische Deutung und pädagogische Wertung. Eine ausführliche Einführung mit viel Bezug zur heilpädagogischen Praxis.

Märchen lösen Lebenskrisen von Marzella Schäfer
Herderbücherei Nr.1076
Tiefenpsychologische Zugänge zum Märchen. Anhand von sieben Märchen beschreibt die Autorin einen Entwicklungsweg des Kindes.

Warum Kinder Märchen brauchen von Jakob Streit
Ogham Verlag Stuttgart BRD 1985
Eine anthroposophische Anschauung.

Kinder brauchen Märchen von Bruno Bettelheim
dtv Sachbuch Nr. 1481
Zweifellos hat Bettelheim mit diesem Buch dem Märchen zu mehr Bedeutung verholfen. Sein Verständnis für das Kind ist gross, und ich finde den ersten Teil des Buches deshalb sehr lesenswert. Die Märcheninterpretationen jedoch sind mir zu oberflächlich und einseitig - der Vielschichtigkeit ist zuwenig Raum gelassen.

Zauber, Magie und Rituale
Pädagogische Botschaften in Märchen und Mythen.
Hrsg. Christian Büttner. Kösel Verlag München BRD 1985
Ein wertvoller und anregender Beitrag zur Pädagogik - auch mit sozialpolitischem Bezug.

Märchenkunde für Erzieher von Hildegard Schaufelberger
Grundwissen für den Umgang mit Märchen für Eltern und Erzieher.
Herder Praxisbuch 1987

Kennen Sie Kinder? von Carl-Heinz Mallet
Ex Libris Zürich 1983
Das Nachwort ist von Bruno Bettelheim. Für Freunde der mehr freud'schen Betrachtungsweise.

KINDERWELT - MEDIEN

Das Weltbild des Kindes von Jean Piaget
Klett-Cotta/Ullstein Taschenbuch Nr.39001, 1980
Sehr empfehlenswert. Das Buch enthält v.a. Dialoge mit Kindern. Eine gut
verständliche Einführung in die Denkart des Kindes.

Das Verschwinden der Kindheit von Neil Postman
Fischer Verlag Frankfurt am Main BRD 1983

Wir amüsieren uns zu Tode von Neil Postman
Fischer Verlag Frankfurt am Main BRD 1985
Urteilsbildung im Zeitalter der Unterhaltungsindustrie.

Die Droge im Wohnzimmer von Marie Winn
rororo Sachbuch Nr.7866, 1984
Für die kindliche Seele ist Fernsehen Gift. Die Autorin beschreibt, weshalb
es zur Sucht kommt und dass der Inhalt der Sendung zweitrangig ist.

DAS VOLKSMÄRCHEN

Das Märchen. Sein Ort in der geistigen Entwicklung
von Hedwig von Beit. Francke Verlag Bern 1965
Eindrücklich beschreibt die Autorin die archaische Denkart: die Mentalität
des Frühmenschen und des Kindes. Sie zeigt auf, wie das Märchen eine Synthese von archaischem und rationalem Denken bildet.

von Max Lüthi:
Das europäische Volksmärchen
Utb Francke Verlag München 1981
Form und Wesen des europäischen Volksmärchens. Eine Einführung in die
sprachlichen Elemente.

So leben sie noch heute
Kleine Vandenhoeck-Reihe Göttingen BRD 1976
Anhand von Grimmschen Märchen zeigt Lüthi die Strukturen des Märchen auf
und führt in deren Bedeutung ein.

Es war einmal
Kleine Vandenhoeck-Reihe Göttingen BRD 1962
Vom Wesen des Volksmärchens, aufgezeigt an Märchen aus aller Welt.

Das Volksmärchen als Dichtung - Aesthetik und Anthropologie
Diederichs Verlag Köln BRD 1975
Eine lebendige und umfängliche Beschreibung des Menschenbildes im litera-
rischen Kunstwerk Märchen.

Lexikon der Zaubermärchen von Walter Scherf
Alfred Kröner Verlag Stuttgart BRD 1982
Ein wertvoller Begleiter für alle, die viel mit Märchen arbeiten. Es ist
eine typologische Uebersicht, die sich auf das Wesentliche beschränkt.

Urfassung 1811/1814 der Kinder- und Hausmärchen
Wieder erschienen im Antiqua Verlag Lindau BRD 1986

Literatur

BEITRÄGE AUS DER JUNG'SCHEN SCHULE

Die Mutter im Märchen von Sibylle Birkhäuser-Oeri
Bonz-Verlag Fellbach BRD 1976

von Marie-Louise von Franz
sind im Kösel-Verlag München, folgende Bücher erschienen:
Der Schatten und das Böse im Märchen, 1985
Psychologische Märcheninterpretationen, 1986
Die Suche nach dem Selbst, 1985
Erlösungsmotive im Märchen, 1986
Das Weibliche im Märchen, Bonz-Verlag 1977

Das Böse im Märchen von M.Jacoby, V.Kast, I.Riedel
Bonz-Verlag, Fellbach BRD 1978

Gelebte Märchen von Hans Dieckmann
Gerstenberg-Verlag Hildesheim BRD 1983

Tabu im Märchen von Ingrid Riedel
Walter Verlag Olten 1985

Ich Narr vergass die Zauberdinge von Ulla Wittmann
Ansata Verlag Interlaken CH 1985

von Verena Kast
sind im Walter Verlag folgende Bücher erschienen:
Wege aus Angst und Symbiose, 1982
Mann und Frau im Märchen, 1983
Familienkonflikte im Märchen, 1984
Wege zur Autonomie, 1985
Märchen als Therapie, 1986

Symbolik im Märchen und Gegensätze und Erneuerung im Märchen
von Hedwig von Beit, Francke Verlag Bern, 6.Auflage 1981.
Es sind zwei sehr umfangreiche Werke inkl. Registerband. In grösseren
Bibliotheken zu finden, z.B. in Winterthur.

SYMBOLIK ALLGEMEIN

Das Mysterium der Zahl von Franz-Carl Endres
Zahlen im Kulturvergleich, Diederichs Gelbe Reihe 1985

Formen - Kreis, Kreuz, Dreieck, Quadrat,Spirale
Farben - in Religion, Gesellschaft, Kunst und Psychotherapie
beide Bücher von Ingrid Riedel, erschienen im Kreuz-Verlag Stuttgart

Imagination und Symboldeutung von H.G. Tietze
Knaur Esoterik Nr. 4136

Lebende Metalle von L.F.C. Mees
Mellinger Verlag Stuttgart 1983

Märchen, Mythen, Träume von Erich Fromm
rororo Taschenbuch Nr,7448
Eine Einführung in die Symbolsprache.

Literatur

ANTHROPOSOPHISCHE ANSCHAUUNGEN

Märchenkunde von Rudolf Geiger
Urachhaus Verlag Stuttgart 1982
Seine Betrachtungen will der Verfasser als 'meditative Selbstgespräche'
verstanden wissen.

Bildsprache der Märchen von Friedel Lenz
Urachhaus Verlag Stuttgart 1984
Ein lehrreicher Anhang mit Symbolübersicht schliesst die 25 Deutungen ab.

Die Weisheit des deutschen Volksmärchens von Rudolf Meyer
Urachhaus Verlag Stuttgart, aber auch als Taschenbuch erhältlich.

Mysterienweisheiten im deutschen Volksmärchen von Arthur Schult
Turm-Verlag Bietigheim 1980
Christliche Jahresfeste und die zwölf Sternzeichen der Jahressonnenbahn
im Märchen.

SAMMLUNGEN UND REIHEN

Märchen aus aller Welt
im Eugen Diederichs Verlag Köln
Bisher sind gegen die Hundert Sammlungen von Märchen aus verschiedenen
Ländern, Inselgruppen und Volksstämmen erschienen. Zum Beispiel auch
'Rätoromanische Märchen'.

von Sigrid Früh sind folgende Sammlungen als Fischer Taschenbuch erschienen:
Märchen von Hexen und weisen Frauen, Nr. 2868
Eine Frau, die auszog, ihren Mann zu erlösen, Nr. 2858

Weisheit im Märchen
eine Reihe im Kreuz Verlag Zürich.
Jeweils ein Autor deutet, aktualisiert und durchleuchtet ein Märchen.

Veröffentlichungen der Europäischen Märchengesellschaft. In jedem Band
sind verschiedene Beiträge zum Thema enthalten.
Erich Röth Verlag Kassel BRD.

Vom Menschenbild im Märchen, 1980
Märchenerzähler, Erzählgemeinschaft, 1982
Antiker Mythos im Märchen, 1984
Die Frau im Märchen, 1985
Die Welt im Märchen, 1984
Märchen in Erziehung und Unterrricht, 1986
Schamanentum und Zaubermärchen, 1986
Liebe und Eros im Märchen, 1988
Märchen in der dritten Welt, 1987

ZEICHNUNGEN

Zytglogge Werkbücher

Zytglogge Werkbücher

Geschichte

Geschichtsunterricht muss nicht trockene Aneinanderreihung von Fakten und Jahrzahlen sein. Das Historiker- und Praktikerteam **Rudolf Hadorn, Jürg Minnier** und **Beat Salzmann** von der ZS für Lehrerfortbildung des Kantons Bern schuf ein didaktisch aufgebautes, vernetztes Ergänzungslehrmittel, das nicht nur als Geschichtslesebuch, sondern als Grundlage dient – mit vielen Informationen, Frage- und Arbeitsblättern, die zum Mitdenken einladen.

Themen der bisher vorliegenden Bände:

«Aus dem mittelalterlichen Leben» Band 1. Auf dem Land. Vom Urwald zum Kulturland. Der Bauer und seine Arbeit. Der Ritter, seine Funktion, seine Rechte. Das Kloster, die Nonnen und Mönche, ihr Alltag.

«Aus dem mittelalterlichen Leben» Band 2. In der Stadt. Städtegründungen. Die Entwicklung zum Gemeinwesen. Wohnen und Leben. Rechte und Freiheiten, Pflichten, Bedrohungen. Bedeutung der Handwerker und Zünfte. Die Märkte. Handel und Fernhandel. Geld, Abgaben und Zölle im alten Bern, «wobei auch Kolleginnen und Kollegen anderer Regionen darin mannigfache stoffliche und didaktische Anregungen finden».
(Lehrerzeitung)

Neu: **«Aus der frühen Schweizer Geschichte» Band 1. Anfänge.** Handel und Verkehr erschliessen neue Räume. Die politische Horizontlinie verschiebt sich über die Gemeinde, Stadt und Region hinaus. Ausgreifende Territorialpolitik, komplexe Formen der Konfliktlösung und Rechtssuche führen zu Landfriedensbündnissen und Schiedsgerichten.

Materialien also, die neuen Einsichten und Forschungsresultaten Rechnung tragen. Abschied von der hurrapatriotischen alten Eidgenossenschaft. Politik live, als Lebenskunde, d.h. Geschichte als Weiterung zum sozialen Be-Greifen.

Br., A4, 128 S., 24.–/27.–

Br., A4, 128 S., 24.–/27.–

Br., A4, 168 S., 32.–/35.–

Märchen

Br., A4, 136 S., ca. 29.–/32.–

Wege zum Märchen sind Wege nach innen, zum Kind, Wege zur Ganzheit. **Elisa Hilty** hat ihre Erfahrungen in ein genaues, persönliches Werkbuch eingebracht, als eine Art verdichtetes Tagebuch ihrer bisherigen Arbeit. Impuls für Leserin und Leser, den Wahrheiten, den verborgenen Lebensweisheiten des Volksmärchens näherzukommen.

Aus dem Inhalt:
Ursprung des Märchens/Bildsprache/Zeit und Raum/Zauberwelt/Polaritäten/Gut und Böse/Grausamkeiten und Angst/männlich und weiblich/Die Helfer/Der Weg/Gliederung des Textes/Imagination/Interpretation/Spielregeln/Auswertung von Spielen/Materialien und Requisiten/Arbeiten mit geistig Behinderten und Jugendlichen/Literatur.

Bauen

Br., A4, 160 S., 35.–/39.–

Martin Kesselrings Saiteninstrumente-Baubuch möchte eine Lücke schliessen: Durch Vermitteln der Grundlagen des Instrumentebaus, durch das Offenlegen präziser Baubeschriebe und übersichtlicher Baupläne. Es möchte aber auch zur Kreativität anregen. Keines der beschriebenen Instrumente muss genau nach Plan oder Text nachgebaut werden. Jedermann hat die Möglichkeit, gestützt auf das erworbene «Wissen wie», ein Instrument nach seinen Wünschen, seinen ästhetischen Vorstellungen oder seinen musikalischen Bedürfnissen abzuändern bzw. anzupassen.

Inhalt Band 1:
Musiktheoretische Grundlagen über Dreiklänge; Griffbretter und Saiten; Werkstoffe und Werkzeuge; Verfahren und Tips; Problemstellungen und Improvisationen am Beispiel einfacher Zupfinstrumente (Kleiderbügelharfe, Psalter, Türharfe); Bauanleitungen und -pläne zu Monochord, Dulcimer, Doppeldulcimer, acht-, sechzehn- und vierundzwanzigchörigem Saitentamburin sowie Hackbrett.

Mythen

Br., 19×25, 102 S., vierfarbig, 26.–/29.–

Esther Bisset und **Martin Palmer** haben das Projekt «Worlds of Difference» für den WWF England verfasst, um das Umweltbewusstsein an den Schulen in verschiedenen Unterrichtsbereichen (Religion, Geographie, Geschichte, Naturkunde, Ökologie, Ethik) zu fördern. Ihr Buch stellt im vierfarbigen 1. Teil die Grundzüge von neun Glaubenssystemen dar – australische Ureinwohner, Chinesen, Christen, Hindus, Humanisten, Juden, Moslems, die Sanema vom Amazonas und die

Yoruba aus Afrika – mit charakteristischen Beispielen ihrer Lebensweise. Die Materialiensammlung für Lehrer und Eltern im 2. Teil regt zu vielfältigen Aktionen innerhalb und ausserhalb des Klassenzimmers an. Das Buch ist vor allem für die Altersgruppe der Neun- bis Dreizehnjährigen gedacht. Es spielt eine wichtige Rolle bei der Erziehung zur Toleranz gegenüber anderen Kulturen und Rassen.

Zytglogge Verlag Bern, Eigerweg 16, CH-3073 Gümligen, Tel. 031 52 20 30/40
Zytglogge Verlag Bonn, Cäsariusstr. 17, D-5300 Bonn 2, Tel. 0228 36 25 50

Zytglogge Werkbücher

Kreativer Tanz
Madeleine Mahler

Br., A4, 122 S., 24.–/26.80

Tanzen in Schule und Freizeit
Tanz chuchi
Ein Zytglogge Werkbuch

Br., A4, 208 S., 32.–/35.–

Madeleine Mahler erlernte den ‹creative dance› an der UCSD in Kalifornien. Sie unterrichtet Tanz und Gymnastik, gibt Lehrerfortbildungskurse für Turn- und Musikunterricht und tritt gelegentlich mit einer eigenen Tanzgruppe auf.

Mit dem **Kreativen Tanz** versucht Madeleine Mahler, die jedem Kind innewohnende Kreativität zu wecken und zu erhalten.

Sie gibt den Schülern die Möglichkeit, ihre spontane Bewegungs- und Ausdrucksfähigkeit auszubilden. Auch Schüler, die im Schulturnen nicht zu sportlichen Hochleistungen fähig sind, können sich dabei einsetzen, ihre Phantasie ausüben und sich in einer Gruppe akzeptiert fühlen. Wenn sie beim Tanzen aus ihren Hemmungen und angelernten Mustern gelöst werden können und ihnen das Vertrauen für ihre ganz eigene und persönliche Ausdrucks- und Bewegungsart gegeben wird, stärken wir gleichzeitig ihr eigenes Selbstvertrauen und fördern wir ihre Spielfreude.

Im neuen Buch **«Tanz als Ausdruck und Erfahrung»** erklärt Madeleine Mahler die Stufen ihrer Erfahrung mit dem Tanz, den Lektionsaufbau, die Impromuster, die Musikauswahl und fasst die Tanzthemen unter Kapiteln wie «Gefangensein und Freiheit/Der Schatten wird lebendig/Alles ist in mir/Miteinander» zusammen.

Wenn die Schüler auch nicht sofort den Inhalt wahrnehmen, erfahren sie ihn doch über die Bewegung und speichern diese Erfahrung, die ihnen später wieder zur Verfügung stehen wird. Somit wird Bewegung zum Medium, das das Wesen des Menschen berührt, dieses selber in Bewegung bringt und sich wieder durch geformte Bewegung mitteilt.

«Tanzchuchi»: «Einheimische Tanzformen schlagen die Brücke zwischen Volkstänzen aus aller Welt und modernen Popformen. Im ausführlichen methodischen Teil sind wertvolle und in der Praxis erprobte Hinweise für die gruppenweise Erarbeitung der dargestellten Bewegungsformen enthalten. Literaturhinweise und eine Übersichtstabelle erleichtern den Zugang zur Materie und dürften dem engagierten Tanzleiter bald erfreuliche Erfolge bescheren. Die gleichzeitig mit dem Buch erschienene MC und Platte «Tanzchuchi» (zyt 233) hält mit 15 Beispielen vom Alewander über Hava Nagila bis zum «Samba Mixer» Rhythmen und Klang fest, womit unverzüglich zur tänzerischen Tat «geschritten» werden kann.» *Kolorit*

Tanz als Ausdruck und Erfahrung
Madeleine Mahler
ZYTGLOGGE WERKBUCH

Br., A4, 128 S., 28.–/31.–

Tanz

Theater

«Eine Werkbuch-Reihe, die dem **Schultheater** neue Dimensionen zu geben vermag. Diese Bücher sind von Theatermachern gestaltet worden. Sie enthalten Protokolle, Porträts und Materialien von Theaterinszenierungen und ihren Leitern, die die Notwendigkeit des Schulspiels dokumentieren. «Schultheater ist kein Experimentierfeld für verhinderte Regisseure, sondern ein pädagogisches Anliegen.»

Hier wird erzählt, wie man mit Kindern ins Spielen kommt. Dabei erfährt man einiges über Spielauslöser und Spielleiter. Selbstgefertigte Masken z.B. bekommen den Stellenwert des gesprochenen Wortes. In allen Beiträgen wird deutlich: Das Wesentliche passiert während der Entstehungsarbeiten eines Stückes, und es dient der Stärkung der gesamten kindlichen Persönlichkeit.»

A.H. in: Schweiz. Kindergarten

Ausdrucks- spiel aus dem Erleben
Arbeitsgemeinschaft Jeux Dramatiques

Einführung Methodik Arbeitsblätter

Ein Zytglogge Werkbuch

Br., A4, 160 S., 28.80/29.80

SCHULTHEATER 1

SCHULTHEATER 2

Kaspar Fischer · Peter Wälti · Elisabeth Kälin
Dani Lienhard · Peter Wyler
Justin Rechsteiner

SPIELRÄUME
Ein Zytglogge Werkbuch

SCHULTHEATER 3

Schultheater 4
Theaterschule

Adrian Portmann & Co.
Kaspar Fischer
Werner Hartmann
Andreas Schörni
Märchenhafte Wirklichkeit
Ein Zytglogge Werkbuch

Bd. 1: Br., A4, 200 S., 28.–/29.80
Bd. 2: Br., A4, 200 S., 32.–/34.–

Bd. 3: Br., A4, 240 S., 32.–/34.–
Bd. 4: Br., A4, 152 S., 32.–/34.–

Musik

Musik in der Schule

Musik in der Schule
singe lose spile 1
Ein Zytglogge Werkbuch

Br., A4, 136 S., 29.–/32.–

Musik in der Schule
singe lose spile 2

Ein Zytglogge Werkbuch

Br., A4, 216 S., 33.–/36.–

«Die beiden Bände wollen Arbeitshilfen und Anregungen für den vielerorts noch immer vernachlässigten **Musikunterricht an den Schulen** sein. – Der erste Band bringt einleitend einen Grundsatzartikel über die Schulmusik im Spiegel der Zeit, um dann Vorschläge für Inhalte und Ziele des Musikunterrichtes sowie Richtlinien für die Planung und Durchführung von Lektionen zu geben. Das Kapitel «Singleitung» vermittelt mit zahlreichen methodischen Hinweisen die Grundlagen der chorischen Stimmpflege und des Dirigierens. Mit einer Fülle von Übungsmöglichkeiten, anhand von Lektionsskizzen, Arbeitsblättern usw. und in detaillierten Lernschritten wird das Empfinden für Rhythmus und Melodie geschult.

Der umfangreichere zweite Band des wiederum reich illustrierten Lehrganges für **Musikunterricht durch neun Schuljahre** stellt – ebenfalls in didaktischen Aufbaureihen und zahlreichen Beispielen von Lektionsskizzen mit detaillierten Lernschritten – die Instrumente vor und zeigt, wie die Schüler ihren Klang durch vergleichende Hörübungen kennenlernen können. Eine gezielte Einführung ins analytische Musikhören vermittelt das Erkennen von Klängen und musikalischen Abläufen, wobei die Wahrnehmungsfähigkeit des Gehörs durch optische Eindrücke (Notenlesen) vertieft wird. Und schliesslich bringt der geschickt konzipierte Band eine ausführliche Auseinandersetzung mit Popmusik und Jazz, wobei auch hier das analytische, kritische Zuhören anhand interessanter Vergleiche zwischen Chansons und Schlagern, Pop-Bearbeitungen und klassischen Original-Versionen geschult wird. – Zwei wirklich brauchbare Handbücher für den Musikunterricht, ergänzt durch den bereits erschienenen dritten Band ‹Tanzchuchi›».

Lehrerzeitung

Zytglogge Verlag Bern, Eigerweg 16, CH-3073 Gümligen, Tel. 031 52 20 30/40
Zytglogge Verlag Bonn, Cäsariusstr. 17, D-5300 Bonn 2, Tel. 0228 36 25 50

Zytglogge Werkbücher

Br., A4, 160 S., 35.–/39.–

Handarbeiten/Werken. Band 1. Schülerinnen und Schüler werden vor eine Aufgabe gestellt. Die fertige Lösung liegt nicht vor. Dafür werden eigene Ideen, die der Bewältigung der Aufgabe dienen, entwickelt. Zur gedanklichen Auseinandersetzung gehört die Wahl des geeigneten Materials, der benötigten Werkzeuge und das Festlegen des Arbeitsweges.
Natürlich soll auch das Handwerk erlernt werden. Die vorgesehene Lösung soll nicht nur wirtschaftlich und ökologisch sinnvoll, sondern auch konstruktiv richtig sein, ästhetischen Bedürfnissen genügen und, womöglich, einen Beitrag zur Überwindung überlieferter, geschlechtsspezifischer Rollenverteilungen leisten.
Aus dem Inhalt: 1. Kl.: Drahtgitterbild/Rhythmusinstrument. 2. Kl.: Hampelfigur/Hut. 3. Kl.: Windfahne/Verpackung. 4. Kl.: Wasserrad/Hausschuh. 5. Kl.: Topfhandschuh/Landschaftsrelief/Schiffsbau/Etui für Schulmaterial. 6. Kl.: Frisby/Hocker/Bilderrahmen/Flugzeugbau. 7. Kl.: Kopfbedeckung/Gürtel/Nutzfahrzeug/Fotoständer. 8. Kl.: Grillset/Hose aus Tricot/Sacknadel/Schmuck. 9. Kl.: Lampe/elektrischer Schalter/Keramik giessen/T-Shirt.

Emil Ernst Ronner: Sälber mache
«Ein grossformatiges, bunt illustriertes Buch, mit Hunderten der schönsten Arbeiten, damit die ganze Familie nach den leicht verständlichen Anleitungen kleben, sägen, nageln, ausschneiden usw. kann.

Eltern, Lehrer und Kinder werden begeistert sein, mit diesem «Leitfaden» Geduldsspiele, ein Wetterhäuschen, ein Puppenhaus aus einer Schachtel oder ein Segelfloss aus Korkzapfen zu basteln. Oder hat jemand Lust auf ein sich lustig drehendes «Rösslispiel», einen Bauernhof mit vielen Tieren aus Astholz, eine Vogelpfeife, bunte Sommervögel oder ein Osterbäumchen? Das sind nur einige wenige Beispiele aus der Fülle von Bastelvorschlägen rund ums Jahr, damit nie wieder Langeweile aufkommen kann.» *L.H., Coop-Zeitung*

Werken

Br., A4, vierfarbig, 128 S., 34.–/36.–

«Der Titel ‹chnuuschte – chnätte – chnüble› verdeutlicht die spontane Art des Umgangs mit Werkstoffen. Dabei werden die Kinder zu Handelnden statt zu Ausführenden. Da wird der eigene Körper in Tuch gehüllt zur Skulptur oder das Formen von Ton, Papier oder Holz zur Sinnesschulung. Entsprechend bieten die einzelnen Vorschläge keine sturen Pläne; sondern Erfahrungsberichte von Zeichen- und Volksschullehrern regen zum Nachvollziehen und Weiterfahren an. Diese Anleitungen sind schon für Eltern von Kindergarten- und Unterstufenkindern hilfreich, während der Mut-Mach-Titel ‹Kinder können das› eher für ältere gedacht ist. Er enthält Anregungen, alltägliche Gegenstände anzuschauen, durch Verfremden kennenzulernen und ihre räumliche Gestalt auf Papier zu übertragen.

Neu liegen jetzt noch zwei Bände vor, die ‹Von Kopf bis Fuss› das Menschenzeichnen von den alten Rastern befreien und zur lebendigen Begegnung machen.» *H. ten D.*

Br., A4, 152 S., 28.–/29.80

Br., A4, 168 S., 28.–/29.80

Zeichnen

Br., A4, 156 S., 32.–/34.–

Br., A4, 152 S., 32.–/34.–

Von Kopf bis Fuss. Der Mensch vom Scheitel bis zur Sohle ist das zentrale Thema dieses Zytglogge Werkbuchs. Es enthält vielerlei Anregungen, wie Kinder den Menschen zeichnen, malen und in verschiedenen Materialien formen können.
Spielen, genaues Beobachten und Erzählen helfen oft als Einstieg zum Gestalten der menschlichen Figur. Wir entdecken dabei den Menschen neu in seinem alltäglichen Verhalten. Die einzelnen Beiträge sind handschriftlich abgefasst, mit Zeichnungen reich durchsetzt und durch Schülerarbeiten ergänzt.

Mit Herz und Hand. Bereiche in und um Menschen.
Inhalt: *Der Mensch in der Gruppe* – das soziale Umfeld «in den Griff bekommen» – mit Lehm zum Beispiel oder Siporex, oder als «gerissene Arbeit» oder geschnitten in Linol. *Der Mensch im Spiel* – lebende Bilder, lebensgrosse Gliederpuppen, Schulhausriesen, Hampelfranz und Hampelfrieda..., da wird gespielt, der Schulzimmerrahmen gesprengt, zu Pausenaktionen und Spielparcours angeregt. *Selbstdarstellung* – geschriebene Selbstbildnisse, gezeichnete Steckbriefe, gemalte Launen und Lebensläufe in Kistchen. *Magisches* – da werden Märchen wahr, da wird – «gigs-gags-gogs» – gezaubert und behext; da gehen magische Nächte über die Bühne. *Textillustration* – lesen und bebildern, darstellen, was beim Lesen an Bildern wach wird, Szenen, Typen, Personen – von Adam bis Momo. Beibehalten wurde die Art der Darstellung: Handschriftlich abgefasste, reich illustrierte Notizblätter.

Malen

«Ursprünglich waren die Zytglogge Werkbücher, die Bände über Schultheater, Werken, Musik und Tanzerziehung, als Lehrerinformationen gedacht. Es hat sich aber gezeigt, dass Elterngruppen, Familienclubs oder auch einfach interessierte Väter und Mütter diese Ideensammlungen gerne brauchen. Immer sind es, auch in der Aufmachung mit handschriftlichen Texten und Skizzen, persönliche Anstösse aus der praktischen Erfahrung heraus.
So etwa auch die drei Bände der Maltherapeutin **Bettina Egger**: Von ‹Bilder verstehen› bis ‹Faszination Malen› sind es leichtverständliche Einführungen in die Bildsprache der Kinder. Es sind aber auch Anregungen zu einem Bilderdialog mit Kindern und zum Umgang mit Farbe und Pinsel.» *H. ten D.*
«Seit je beschäftigt mich die Umgebung des Alltags der Kinder ganz besonders. Dorthin möchte ich meine Ideen tragen. Nicht die Kinder sollen zum Malen kommen, sondern das Malen soll ihren Bedürfnissen angepasst und in ihre spezielle Umgebung eingebaut werden.» *Bettina Egger*

Br., A4, 168 S., 29.–/32.–

Br., A4, 136 S., 29.–/32.–

Br., A4, 168 S., 29.80/32.–

Zytglogge Verlag Bern, Eigerweg 16, CH-3073 Gümligen, Tel. 031 52 20 30/40
Zytglogge Verlag Bonn, Cäsariusstr. 17, D-5300 Bonn 2, Tel. 0228 36 25 50